高职高专新能源汽车专业"十三五"创新教材

新能源汽车动力电池及充电系统检修

广州合赢教学设备有限公司　组　编
　　　　　许　云　赵良红　主　编
包科杰　李民和　黄关山　副主编
　　　　　　　冯　津　主　审

二维码总目录

机械工业出版社

本书是"十三五"职业教育国家规划教材

本书全面、系统地介绍新能源汽车动力电池及相关高电压部件操作必备的安全知识与操作规范，动力电池、动力电池管理系统、冷却系统、低压电源系统、充电系统以及充电桩的相关知识和技能。本书通俗易懂，图文并茂，形式生动活泼，有利于激发学生的学习兴趣。

本书适合新能源汽车专业的学生使用，也可供传统汽车专业方向学生学习新能源汽车知识和技能，同时还可供在职的汽车销售顾问、售后服务顾问、维修技师、保险理赔员、驾驶人员以及汽车工程技术人员阅读参考。

图书在版编目（CIP）数据

新能源汽车动力电池及充电系统检修/许云, 赵良红主编. — 北京: 机械工业出版社, 2018.10（2024.7重印）

高职高专新能源汽车专业"十三五"创新教材

ISBN 978-7-111-61017-5

Ⅰ.①新… Ⅱ.①许… ②赵… Ⅲ.①新能源–汽车–蓄电池–检修–高等职业教育–教材②新能源–汽车–充电电源–检修–高等职业教育–教材 Ⅳ.① U469.720.7

中国版本图书馆 CIP 数据核字（2018）第 221174 号

机械工业出版社（北京市百万庄大街22号　邮政编码100037）
策划编辑：齐福江　　责任编辑：齐福江
责任校对：陈　越　　封面设计：鞠　杨
责任印制：张　博
北京建宏印刷有限公司印刷
2024年7月第1版第11次印刷
184mm×260mm · 12印张 · 324千字
标准书号：ISBN 978-7-111-61017-5
定价：55.00元

电话服务　　　　　　　网络服务
客服电话：010-88361066　机 工 官 网：www.cmpbook.com
　　　　　010-88379833　机 工 官 博：weibo.com/cmp1952
　　　　　010-68326294　金　书　网：www.golden-book.com
封底无防伪标均为盗版　机工教育服务网：www.cmpedu.com

高职高专新能源汽车专业"十三五"创新教材编委会

主任委员： 冯津　广州合赢教学设备有限公司
副主任委员：
　　吴荣辉　珠海笛威汽车学院
　　齐福江　机械工业出版社
　　许　云　襄阳汽车职业技术学院
　　陈文均　贵州交通技师学院
　　王　毅　贵州交通职业技术学院
委员：

广州合赢教学设备有限公司	姚科业、罗永志
深圳技师学院	李清明
顺德职业技术学院	张斌、赵良红
贵州交通职业技术学院	王强
六盘水职业技术学院	朱德桥、朱博
广州城市职业学院	温炜坚
广州铁路职业技术学院	郑毅
中山职业技术学院	齐建民
东莞职业技术学院	巩航军、刘存山
珠海城市职业技术学院	黄关山
襄阳汽车职业技术学院	包科杰
广东农工商职业技术学院	黄军辉
黔南民族职业技术学院	万东操
江西交通职业技术学院	官海兵
陕西交通职业技术学院	任春晖、彭小红
云南工业技师学院	彭韬、戴荣航
安宁市职业高级中学	蔡春华
曲靖高级技工学校	栾增能
天津交通技师学院	邢振东
深圳市第二职业技术学校	李世川、孙兵凡
顺德中等专业学校	郭建英、赵鹏媛
深圳市龙岗职业技术学校	邱伟聪、易小彪
深圳市泽然浩商贸有限公司（比亚迪4S店）	潘斌双
深圳市欧克勒亚科技有限公司	李永才

丛书主审： 冯津

FOREWORD 前言

汽车产业快速发展带来的交通拥堵、能源危机和环境污染是限制汽车发展的主要瓶颈，因此新能源汽车产业成为国家重点发展和大力扶持的产业。国务院于 2012 年 6 月 28 日颁发《节能与新能源汽车产业发展规划（2012—2020 年）》，指出新能源汽车技术路线以纯电驱动为新能源汽车发展和汽车工业转型的主要战略取向，当前重点推进纯电动汽车和插电式混合动力汽车产业化，推广普及非插电式混合动力汽车、节能内燃机汽车。

由于国家政策的扶持，新能源汽车得到飞速的发展，由此带来的新能源汽车后市场将需要大量的销售、维修及其他方面的人才。教育服务于市场，需要领先于市场，针对几年后新能源汽车专业技术人员的井喷需求，职业院校必须提前培养新能源汽车专业人才，为今后的新能源汽车后市场做好人才储备。但是职业院校专业教师"新能源汽车盲"的现象普遍存在，迫切需要一套体系化的新能源汽车教材以及配套的教学资源，满足新能源汽车职业教育的要求。

为满足职业教育的迫切需求，我们组织新能源汽车一线培训专家、维修技师及职业院校资深教师主导编写这套高职高专新能源汽车专业"十三五"创新教材，以新能源汽车的认识、使用和维修为开发方向，改变目前新能源汽车教材偏向汽车设计制造技术方向导致理论性太强的缺点，使教材贴近企业实际工作及职业教育的特点。同时，本教材由职业教育专家对整体的结构进行全面把控，使教材符合职业教育的特点，按照项目与任务的结构进行编写，并方便教学组合。本教材中涉及的新能源汽车品牌车型举例以北汽新能源、上汽荣威、比亚迪汽车、众泰汽车及其他国内外典型的车型为主，综合主流新能源汽车厂家的共性和差异，解决新能源汽车"地域"差异的问题。

本书系统性地介绍了新能源汽车动力电池与充电系统的知识和技能，共有 6 个项目的内容：

项目一 新能源汽车维修安全防护与工具设备使用。介绍新能源汽车高压电与触电急救操作、安全防护装备的使用与应急处理、绝缘拆装工具与检测设备使用、高压中止与检验等，使学生具备新能源汽车动力电池及相关高电压部件操作必备的安全知识及操作规范。

项目二 新能源汽车动力电池。介绍动力电池认知与更换、动力电池分解与组装、动力电池的性能检测，使学生具备动力电池更换与检测相关知识和技能。

项目三 新能源汽车动力电池管理系统。介绍动力电池管理系统认知与更换、动力电池管理系统检测，使学生具备动力电池管理系统的更换与检测相关知识和技能。

项目四 新能源汽车动力电池冷却系统。介绍动力电池冷却系统认知、动力电池冷却系统检修，使学生具备动力电池冷却系统检修相关知识和技能。

项目五 新能源汽车低压电源系统。介绍新能源汽车低压电源系统认知、新能源汽车低压电源系统检修，使学生具备新能源汽车低压电源系统检修相关知识和技能。

项目六 新能源汽车充电系统。介绍新能源汽车充电系统认知、新能源汽车充电系统检修、充电桩安装与调试，使学生具备新能源汽车充电系统、充电桩的使用与检修相关知识和技能。

本书大量采用实物照片，图文并茂，形式生动活泼，有利于激发学生的学习兴趣，适合中、高职新能源汽车专业及汽车相关专业的学生使用，同时还可供汽车销售顾问、售后服务顾问、维修技师、保险理赔员、驾驶人员以及汽车工程技术人员阅读参考。

本书配有课件和视频资源。

本书由广州合赢教学设备有限公司组编，许云、赵良红任主编，包科杰、李民和、黄关山任副主编，冯津主审，参编人员有吴荣辉、罗永志、姚科业、朱芳武、顾惠烽、刘春宁、李苏燕、丘会英、陈立辉、甘彩连、李建涛、张运宇、王怡、张弦、张峰、李海杰、肖壮飞、黄名锐、肖彦辉、惠志强。

限于编者的技术水平，书中难免存在不当之处，敬请广大读者批评指正。在本书编写过程中参考了大量国内外相关著作、汽车厂家的培训课件及其他文献资料，在此一并向有关作者及汽车厂家表示最真诚的感谢。

编　者

CONTENTS 目 录

前 言

项目一　新能源汽车维修安全防护与工具设备使用 1
 任务一　高电压与触电急救操作 1
 任务二　安全防护装备的使用与应急处理 12
 任务三　绝缘拆装工具与检测设备使用 20
 任务四　高压中止与检验 39

项目二　新能源汽车动力电池 50
 任务一　动力电池的认知与更换 50
 任务二　动力电池分解与组装 68
 任务三　动力电池性能检测 74

项目三　新能源汽车动力电池管理系统 87
 任务一　动力电池管理系统认知与更换 87
 任务二　动力电池管理系统检测 95

项目四　新能源汽车动力电池冷却系统 103
 任务一　动力电池冷却系统认知 103
 任务二　动力电池冷却系统检修 108

项目五　新能源汽车低压电源系统 120
 任务一　新能源汽车低压电源系统认知 120
 任务二　新能源汽车低压电源系统检修 131

项目六　新能源汽车充电系统 145
 任务一　新能源汽车充电系统认知 145
 任务二　新能源汽车充电系统检修 159
 任务三　新能源汽车充电桩的安装与调试 172

参考文献 186

项目一 新能源汽车维修安全防护与工具设备使用

项目描述

新能源汽车的动力电池及相关的部件具有高电压,这会对人体产生伤害。无论是研发、生产,还是售后技术人员,如果没有正确认识新能源汽车具有的高压风险,并正确处理高压工作区域的防护,都会导致严重的高压伤害。新能源汽车维修人员在进行保养、修理时需要做好自身安全防护,采用专业的绝缘拆装工具及检测设备,并严格按照操作流程进行规范操作。本项目主要介绍进行新能源汽车动力电池及相关高电压部件操作必备的安全知识及操作规范。

本项目包括以下 4 个任务:
任务一 高电压与触电急救操作。
任务二 安全防护装备的使用与应急处理。
任务三 绝缘拆装工具与检测设备使用。
任务四 高压中止与检验。

通过以上 4 个任务的学习,你将掌握新能源汽车动力电池及相关高压部件可能对人体造成伤害的原因,以及如何采取正确的防护措施来避免触电事故的发生。

任务一 高电压与触电急救操作

学习目标

◎ **知识目标**
1. 能够描述高电压对人体伤害的基本理论。
2. 能够描述人体触电的基本形式。
3. 能够描述触电后的急救基本理论与方法。

◎ **技能目标**
能够正确、及时执行触电事故的处理与急救。

一、任务导入

如果你的一位工友在维修纯电动汽车时,因违章操作导致了触电事故,你知道应该如何救助他吗?

二、获取信息

 人体能够承受的电压是多少V？交流电和直流电对人体的伤害一样吗?

1. 人体安全电压

通常当人体接触到25V以上的交流电，或60V以上的直流电时，人体有可能会发生触电事故。人体触电并不是指人体接触到了很高的电压，而是因为过高的电压通过人体这个电阻后，会在人体中形成电流，从而导致人体的伤害。因此必须注意的是，伤害人体的不是电压，而是电流。

在电网中，一直认为36V是人体安全电压。实际上，在高电压的新能源汽车中，这个电压值并不是科学的。主要原因是：一方面，人体的电阻会存在个体的差异性（图1-1-1），例如胖的和瘦的，男的和女的，电阻值都不一样；另一方面，人所处的工作环境不同也会导致人体的电阻值发生变化，例如在潮湿的夏天和干燥的冬天，人体的电阻就不一样，环境越潮湿，人体的电阻就会越小。此外，还需要注意的是，每个人对电流流过身体的反应也不一样，有一部分人可以承受更大的电流。因此，目前国际上对安全电压通行的认识是直流60V以下，交流25V以下。

当电压高到一定值以后，就会有相应的电流流过人体。如图1-1-2所示，有大约5mA的电流通过人体时，就可视作"电气事故"，会产生麻木感。人体内通过的电流达到10mA时，到达了导出电流的极限，人体开始收缩，无法再导出电流，电流的滞留时间也相应增加。30~50mA交流电的长时间滞留会导致呼吸停止以及心室纤维性颤动。经过人体的电流达到80mA时，可认为是致命值。

从图1-1-2可以看出，电流越大对人体伤害就越大，电流大到一定值时会危及生命。

此外，需要注意的是，人体之所以导电，主要的原因是血液含有电解液成分，电解液成分导致了导电性。而人体的皮肤、肌肉也具有一定的导电能力。对于大多数人，整个身体的总电阻值是很低的，特别是有主动脉的地方（胸腔部位和躯干），而最大的危险发生在电流通过心脏时刺激心脏产生的异常颤振。

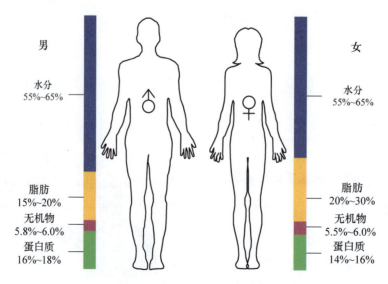

图1-1-1 人体电阻的差异性

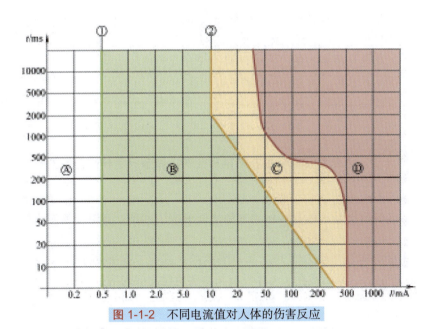

图 1-1-2　不同电流值对人体的伤害反应

1—感觉限值　2—松开限值　A—作用无感觉　B—作用有感觉，直至肌肉收缩
C—肌肉收缩，呼吸困难　D—心室颤动，呼吸停止，心脏停止跳动

如图 1-1-3 所示，人体皮肤电阻值为 100kΩ~1MΩ，但是电阻值在有些情况下也可能降为零，尤其是当皮肤潮湿或破损时，电阻值会明显下降。

例如，当 288V 直流电压穿过人体（两手之间）后，可以通过欧姆定律粗略计算出通过人体的电流：

$$人体电流\ I = U/R = 288\ \text{V}/1080\ \Omega = \mathbf{0.27A}$$

0.27A，也就是 270mA，将这个电流值参照图 1-1-2 可以发现，这个电流值如果在心脏的滞留时间达到 10~15ms 就会致命，如图 1-1-4 所示。

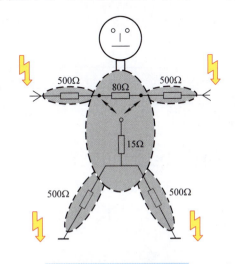

图 1-1-3　人体基本电阻值

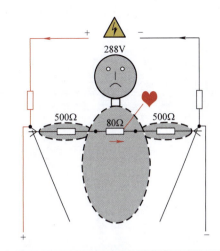

图 1-1-4　288V 电压穿过人体产生的电流

2. 直流与交流触电对人体的伤害

直流电压与交流电压都会对人体产生伤害，但是交流电压对人体伤害的程度却只有直流的

一半。交流电压在人体内产生交流电，会促使肌肉组织和心脏产生颤动。交流电压的频率越低，危险性越高。交流电会触发心室纤维性颤动，若不及时进行急救很快就会致命。

通常情况下，高电压系统中的三相电动机由三相交流电压驱动。三相电动机的输出功率和转速由电压大小和频率控制。因为三相电动机处于运转状态，引发的电气事故相当危险。

如果电器设备的电压规格中注明了交流电压，则该电压指的是行业内通用的有效电压。但是，实际的接触电压会高得多，这取决于交流电压的波形（正弦或矩形）。

> 引导问题 2　人是怎样触电的？触电后会对人体造成怎样的伤害？

1. 人体触电的方式

人体产生触电的前提是人体与接触的电源之间形成了回路，有电流流经人体后才会导致触电。

新能源汽车的高电压系统与车身之间是隔离的，因此，在如图 1-1-5 所示的这种情况下，人体是不会产生触电的，原因就在于人体没有与直流电源之间形成回路。

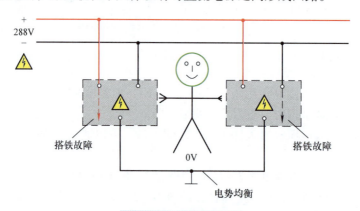

图 1-1-5　非触电情况

但是，当新能源汽车的高电压部件发生对车身搭铁故障时，人体在同样的情况下就有可能发生触电事故，如图 1-1-6 所示。

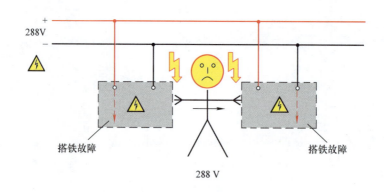

图 1-1-6　触电情况

维修人员在实际工作中，应该避免因为操作导致自己与电压系统形成回路，如图 1-1-7 所示，这种触电方式是大多数维修人员能够理解的。但是图 1-1-8 所示的两种间接触电形式总被维修工人所忽视。

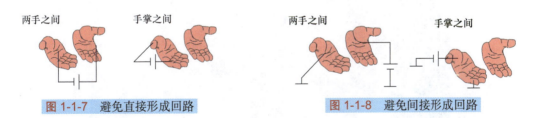

图 1-1-7　避免直接形成回路　　　　　图 1-1-8　避免间接形成回路

2. 高电压对人体的伤害形式

能够最终对人体产生伤害的是电流，电流对人体的伤害有 3 种形式：电击、电伤和电磁场伤害。

1）电击是指电流通过人体，破坏人的心脏、肺及神经系统的正常功能。

2）电伤是指电流的热效应、化学效应和机械效应对人体的伤害，主要指电弧烧伤、熔化金属溅出烫伤等。

3）电磁场伤害是指在高频磁场的作用下，人会出现头晕、乏力、记忆力减退、失眠、多梦等神经系统的症状。

一般认为，电流通过人体的心脏、肺部和中枢神经系统的危险性较大，特别是电流通过心脏时，危险性最大，所以从手到脚的电流途径最为危险，因为沿该条途径有较多的电流通过心脏、肺部等重要器官；其次是从一只手到另一只手的电流途径，如图 1-1-9 所示。

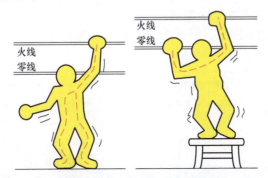

图 1-1-9　最危险的触电形式

此外，触电后还容易因剧烈痉挛而摔倒，导致电流通过全身并造成摔伤、坠落等二次事故。

通常情况下，产生最多的伤害是电击事故，主要有以下类型：

1）电击效应。电流低于导通限值时，会有相应的电击反应，从而容易因肢体不受控和失去平衡而导致受伤，如图 1-1-10 所示。

2）热效应。电流导入、导出点处会发生烧伤和焦化，也会发生内部烧伤，甚至造成致命的伤害。图 1-1-11 所示是类似电击产生的热效应形式。

图 1-1-10　电击效应伤害

图 1-1-11 类似电击产生的热效应形式

3）化学效应。血液和细胞液成为电解液并被电解，可能发生严重的中毒。中毒情况往往在几天后才能被发现，因此伤害极大。

4）肌肉刺激效应。所有的身体功能和人体肌肉运动都是由大脑通过神经系统的电刺激来控制。如果通过人体的电流过高，肌肉开始抽搐，大脑再也无法控制肌肉组织。后果：例如，握紧的拳头再也无法打开或者移动。如果电流经过了胸腔，肺会产生痉挛（呼吸停止），心脏的跳动节奏会被中断（心室纤维化颤动，无法进行心脏的收缩扩张运动）。图 1-1-12 是刺激效应的内部形式示意图。

5）发生静态短路的热效应。工具急剧发热，会导致材料熔化，从而可能发生烧伤事故。

6）由于短路引起火花。金属很快熔化，会产生飞溅的火花，飞溅出来的金属颗粒温度超过 5000℃，可能引起烧伤并严重伤害眼睛。

7）带电高压线路接通和断开时所产生的弧光，如图 1-1-13 所示。光辐射可能造成电光性眼炎。

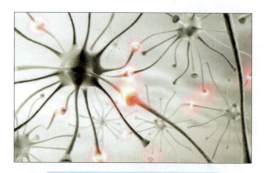

图 1-1-12 刺激效应的内部形式

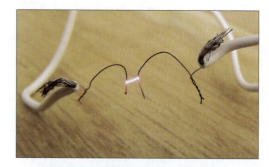

图 1-1-13 高压击穿空气产生电弧

引导问题3 如果发生了触电事故，应该如何进行急救处理？

如果不幸发生了人员触电事故，援救触电事故中受伤人员时，救援人员自身的安全是第一位的，绝对不要去触碰仍然与电压有接触的人员。如果可能，应立即将电气系统断电，或用不导电的物体（如木板、扫帚把等）把事故受害者或导电体与电压分离。

触电急救基本流程如图 1-1-14 所示。

项目一 新能源汽车维修安全防护与工具设备使用 7

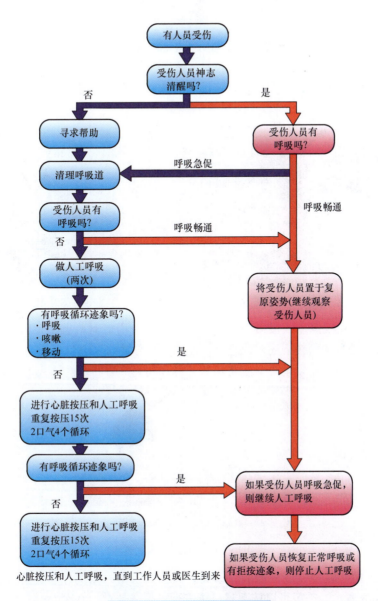

图 1-1-14 触电急救基本流程

1. 脱离电源

人体触电以后，可能由于痉挛或失去知觉等原因而紧抓带电体，触电者不能自行摆脱电源。抢救触电者的首要步骤就是使触电者尽快脱离电源。在新能源汽车触电施救过程中，脱离电源的方法是带上绝缘手套将触电人员脱开或切断高压电源。总之，要因地制宜，灵活运用各种方法，快速切断电源，防止事故扩大。

施救时，应立即拨打120急救电话（图1-1-15），获取专业的救援。

2. 触电急救方法

当触电者脱离电源后，应根据触电者的具体情况迅速对症救护，力争在触电后1min内进行救治。资料表明，触电后在1min内进救治的，90%以上有良好的效果，而超过12min再开始救治的，基本无救活的可能性。现场急救的主要方法是口对口人工呼吸和体外心脏挤压法，严禁打强心针。

触电病人一般有以下4种症状，可分别给予正确的对症救治：

1）神志尚清醒，但心慌力乏，四肢麻木。该类人员一般只需将其扶到清凉通风之处休息，让其慢慢自然恢复。但要派专人照料护理，因为有的病人在几小时后会发生病变甚至突然死亡，如图1-1-16所示。

图1-1-15　拨打120急救电话

图1-1-16　专人照料

2）有心跳，但呼吸停止或极微弱。该类人员应该采用口对口人工呼吸法进行急救，如图1-1-17所示。人工呼吸法可按下述口诀进行，频率是每分钟约12次：

清理口腔防堵塞，鼻孔朝天头后仰；
贴嘴吹气胸扩张，放开口鼻换气畅。

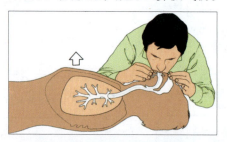
图1-1-17　口对口人工呼吸法

3）有呼吸，但心跳停止或极微弱。该类人员应该采用人工胸外心脏挤压法来恢复病人的心跳，如图1-1-18所示。一般可以按下述口诀进行，频率是60~80次/min。

当胸一手掌，中指对凹膛；
掌根用力向下压，压下突然收。

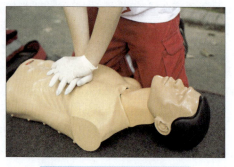
图1-1-18　体外心脏挤压法

4)心跳、呼吸均已停止者。该类人员的危险性最大,抢救的难度也最大。应该把以上两法同时使用,亦即采用"人工氧合"的方法。最好是两人一起抢救,如果仅有一人抢救时,应先吹气 2～3 次,再挤压心脏 15 次,如此反复交替进行。

发生电池事故后,还应该按以下要求进行处理:
1)如果发生了皮肤接触,用大量的清水进行冲洗。
2)如果吸入了气体,必须马上呼吸大量新鲜空气。
3)如果接触到了眼睛,用大量的清水进行冲洗(至少 10min)。
4)如果吞咽了电池内容物,喝大量清水,并且避免呕吐。

三、任务实施

1. 实施要求

高压触电以后,会短时间让人体心脏骤停,恰当地在第一时间做心肺复苏可以成功挽救 80% 以上的触电人员生命。

心肺复苏是指对早期心跳呼吸骤停的患者,通过采取胸外按压、人工呼吸、电除颤等方法帮助其恢复自主心跳和呼吸。

本任务主要练习在触电后突发事故情况下,如何正确执行急救。内容包括:
1)心肺复苏触电急救培训——胸外按压。
2)心肺复苏触电急救培训——开放气道与人工呼吸。

2. 实施准备

1)防护装备:常规实训着装。
2)车辆、台架、总成:无。
3)专用工具、设备:塑料模特。
4)手工工具:无。
5)辅助材料:无。

3. 实施步骤

教师演示心肺复苏基本操作方法与注意事项,学生相互练习心肺复苏操作方法。

(1)胸外按压

只要判断心脏骤停,应立即进行胸外按压,以维持重要脏器的功能。

1)步骤 1(图 1-1-19)。

体位:患者仰卧位于硬质平面上。患者头、颈、躯干平直无扭曲。

图 1-1-19　胸外按压步骤 1

2)步骤 2(图 1-1-20)。

按压部位:胸骨中下 1/3 交界处或双乳头与前正中线交界处。

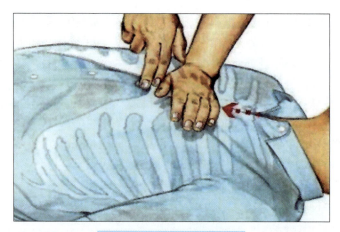

图 1-1-20　胸外按压步骤 2

3）步骤 3（图 1-1-21）。

按压方法：按压时上半身前倾，双肩正对患者胸骨上方，一只手的掌跟放在患者胸骨中下部，然后两手重叠，手指离开胸壁，双臂绷直，以髋关节为轴，借助上半身的重力垂直向下按压。每次抬起时，掌根不要离开胸壁，并应随时注意有无肋骨或胸骨骨折。

注意：一手的掌根部放在按压区，另一手掌根重叠放于手背上，使第一只手的手指脱离胸壁，以掌跟向下按压。按压频率：至少 100 次 /min。按压幅度：至少 5cm 或胸廓前后径的 1/3，压下与松开的时间基本相等，压下后应让胸廓充分回弹。

4）步骤 4。按压职责更换：每 2min 更换按压者，每次更换尽量在 5s 内完成。

（2）开放气道与人工呼吸

去除气道内异物：开放气道前，应先去除气道内异物。如无颈部创伤，清除口腔中的异物和呕吐物时，可一手按压开下颌，另一手用食指将固体异物钩出，或用指套或手指缠纱布清除口腔中的液体分泌物。

1）步骤 1（图 1-1-22）。仰头抬颌法：用一只手按压伤病者的前额，使头部后仰，同时另一只手的食指及中指置于下颌骨骨性部分向上抬颌，使下颌尖、耳垂连线与地面垂直。

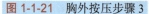
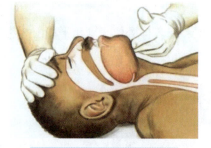

图 1-1-21　胸外按压步骤 3　　　　　　　图 1-1-22　人工呼吸步骤 1

2）步骤 2（图 1-1-23）。双下颌上提法（颈椎损伤时）：将肘部支撑在患者所处的平面上，双手放置在患者头部两侧并握紧下颌角，同时用力向上托起下颌。如果需要进行人工呼吸，则将下颌持续上托，用拇指把口唇分开，用面颊贴紧患者的鼻孔进行口对口呼吸。

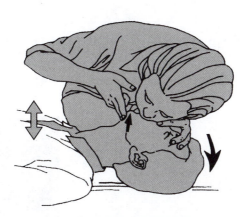

图 1-1-23　人工呼吸步骤 2

四、任务考核

学习目标		考核题目（判断题每题 1 分，单选题每题 2 分）	得　分
知识目标	1	1）在电网中，一直认为（　　）V 是一个人体安全电压。实际上在高电压的新能源汽车中，这个电压值并不是科学的。 A. 48　　B. 24　　C. 36　　D. 以上都不对	
		2）通常当人体接触到 25V 以上的交流电，或 60V 以上的直流电时，人体有可能会发生触电事故。（　　）	
		3）当电压高到一定值以后，会有相应的电流流过人体。当大约（　　）mA 的电流通过人体时，就可视作"电气事故"，会产生麻木感。 A. 5　　B. 10　　C. 12　　D. 15	
	2	1）人体产生触电的前提是人体与接触的电源之间形成了回路，有电压流经人体后才会导致触电。（　　）	
		2）新能源汽车的高电压系统是与车身之间连接的。（　　）	
		3）能够最终对人体产生伤害的是电流，电流对人体的伤害有三种形式：电击、电伤和电磁场伤害。（　　）	
		4）一般认为，电流通过人体的心脏、肺部和中枢神经系统的危险性较大，特别是电流通过心脏时，危险性最大，所以从手到脚的电流途径最为危险。（　　）	
	3	1）不幸发生了人员触电事故，绝对不要去触碰仍然与电压有接触的人员。如果可能，应立即将电气系统断电，或用不导电的物体（如木板、扫帚把等）把事故受害者或者导电体与电压分离。（　　）	
		2）在新能源汽车触电施救中，脱离电源的方法是带上绝缘手套将触电人员脱开或切断高压电源。（　　）	
		3）在进行施救的同时，应立即拨打（　　）电话，获取专业的救援。 A. 120　　B. 119　　C. 110　　D. 以上都不对	
技能目标		1）心脏除颤器又称电复律机，是目前临床上广泛使用的抢救设备之一。（　　）	
		2）高压触电以后，会短时间让人体心脏骤停，恰当地在第一时间做心肺复苏可以成功挽救（　　）以上的触电人员生命。 A. 50%　　B. 90%　　C. 15%　　D. 80%	
		3）只要判断心脏骤停，应立即进行胸外按压，以维持重要脏器的功能。（　　）	

总分：　　　　分

教师评语：

任务二 安全防护装备的使用与应急处理

学习目标

◎ **知识目标**
1. 能够描述安全防护装备的种类、性能及使用方法。
2. 能够描述新能源汽车应急处理方法。

◎ **技能目标**
1. 能够正确使用安全防护装备。
2. 能够正确地进行新能源汽车应急处理。

一、任务导入

一辆新能源汽车在外抛锚,你的主管要求你去施救,并要求你必须做好个人安全防护措施,以及正确处理故障车辆,你知道应该怎么去做吗?

二、获取信息

引导问题 1 新能源汽车高压电维修安全防护装备有哪些?如何正确使用呢?

在进行新能源汽车高电压系统维修操作时,需要采取的高电压安全防护措施,包括个人的安全防护、绝缘维修工具的使用以及对工作环境的选择和正确的操作流程与注意事项。以下介绍新能源汽车维修安全防护装备的种类及使用方法。

1. 安全防护装备的种类

由于维修的是带有高电压车辆,因此维修人员必须做好防止被高电压击伤的安全防护。虽然现有混合动力汽车和纯电动汽车都设计有防止意外触电的功能,但是事故车辆及其高压动力电池组总成是始终存在高电压的。

防止触电的个人安全防护设备主要是绝缘手套、护目镜、绝缘鞋,以及非化纤材质的衣服,如图 1-2-1 所示。

图 1-2-1 个人安全防护设备

2. 安全防护装备的性能及使用方法

（1）绝缘手套

橡胶制成的电工绝缘手套（图1-2-2）通常需要具备两种独立的性能：一要在进行任何有关高电压部件或线路的操作时，能够承受1000V以上的工作电压；二要具备抗碱性，当工作中接触来自高压动力电池组的氢氧化物等化学物质时，能防止这些物质对人体的伤害。

绝缘手套需要定期检验，而且在每次使用前必须自行进行泄漏检查。检查的方法是向手套内吹入一定的空气，观察手套是否有漏气的风险，如图1-2-3所示。

图1-2-2 绝缘手套

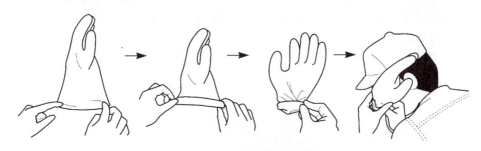

图1-2-3 绝缘手套的检查

图1-2-4为在具体使用过程中绝缘手套的使用与检查流程。

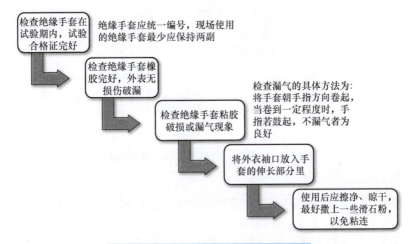

图1-2-4 绝缘手套使用与检查流程图

（2）护目镜

护目镜应该具有正面及侧面防护功能，可防止维修过程中产生的电火花及电池电解液飞溅对眼睛的伤害。护目镜如图1-2-5所示。

（3）绝缘安全鞋

绝缘安全鞋（靴）的作用是使人体与地面绝缘，防止电流通过人体与大地之间构成通路，对人体造成电击伤害，把触电时的危险降低到最小程度，因为触电时电流是经接触点通过人体流入地面的，所以电气作业时不仅要戴绝缘手套，还要穿绝缘鞋。

绝缘鞋根据 GB 21146—2007《个体防护装备 职业鞋》进行生产，电阻值范围为 100kΩ~1000MΩ。该产品具有透气性能好、防静电、耐磨、防滑等功能。图 1-2-6 为绝缘安全鞋。

图 1-2-5 护目镜

图 1-2-6 绝缘安全鞋

绝缘安全鞋也要定期进行检查。图 1-2-7 为绝缘鞋的使用与检查流程。

（4）非化纤工作服

维修高电压系统时，必须穿非化纤类的工作服。化纤类的工作服会产生静电，并且当发生火灾事故时，化纤会在高温环境下粘连人体皮肤，导致维修人员产生严重的二次伤害。

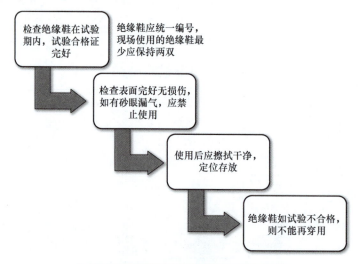

图 1-2-7 绝缘安全鞋使用与检查流程图

> 引导问题 2　新能源汽车应急处理的需求有哪些？如何进行应急处理？

1. 新能源汽车应急处理需求

新能源汽车常见的应急处理需求有以下 5 点：

1) 救援：当该新能源汽车被撞或乘员需要解救时，当心别弄断高压线。
2) 火灾：当该新能源汽车着火时，应该当作"电火"来处理并用干粉灭火器灭火。
3) 泄漏：当高压动力电池电解液溢出时，要采取特别措施。
4) 牵引车辆：处理新能源汽车路上抛锚。
5) 跨接起动：当车辆因 12V 电源故障无法起动时。

2. 新能源汽车应急处理方法

（1）救援

项目一 新能源汽车维修安全防护与工具设备使用 15

在对高电压车辆进行救援时，千万不要因为纯电动或混合动力汽车运行比较安静就误以为它就处于停机状态。对于混合动力汽车，当车辆处于 READY 模式时（灯亮），发动机会自动起动/停机，所以在检查或维修发动机舱时，记住要先看看 READY 指示灯是否已经熄灭。如图 1-2-8 所示。

图 1-2-8　车辆上的 READY 指示灯

在处理维修车辆前，首先用挡块挡住车轮，挂"P"档并确认"P"档指示灯亮，然后按 POWER 按钮并确认 READY 指示灯熄灭，断开 12V 蓄电池；最后拔掉维修开关或 HV 熔丝。

需要注意的是，在对纯电动汽车或混合动力汽车操作时，急救人员必须知道橙黄色电缆代表高电压。在断开高压电池、接触电缆前也要等待 5min，即等电容充分放电完毕。

此外，救援时若高压电缆被撞断，车辆控制系统一般会在人员触电前被切断，因为车辆上的绝缘监测功能会不断地监测高压电缆到金属底盘的漏电情况。如果撞车时安全气囊打开，高压电源也会自动切断，即使气囊不打开，转换器里面的减速传感器若超过其限位，也会切断高压电路。

（2）火灾

高压动力电池电解液主要由带腐蚀性的化学液体组成，因此在着火后，可以采用大量的水或干粉灭火器灭火。

使用常规的 ABC 干粉灭火器灭火（图 1-2-9），这种灭火器可用于油或电路火灾。如果只是高压动力电池着火，则推荐使用干粉灭火器。一旦发生大面积或大的火灾时，持续浇水也同样适用熄灭高压动力电池火灾。但是使用少量的水，如只用一桶，是危险的，实际上将加剧高压动力电池火灾的程度。

（3）泄漏

如果事故有可能造成高压动力电池溢出电解液时，应及早穿好合适的防护装置，并采用红色石蕊试纸检查溢出液，如果试纸变为蓝色（图 1-2-10），溢出的液体需要使用硼酸液进行中和。中和完成后，使用试纸再去检查溢出液，确认试纸颜色不改变。

图 1-2-9　ABC 干粉灭火器

图 1-2-10　检测试纸

中和完毕后，用充足的吸水毛巾或布吸收事故中溢出的电解液。

（4）牵引车辆

新能源汽车的驱动系统连接由电动机牵引车辆时，使得车辆前轮转动将产生电能，因此对于这类车辆的牵引，必须严格遵守制造厂商的要求，否则可能损坏车辆的三相驱动电动机或变速单元。

无论是混合动力汽车还是纯电动汽车，正确的牵引方法是，使得全部平放在拖车上，然后牵引车辆到指定的位置，见表 1-2-1，如图 1-2-11 所示。

表 1-2-1　混合动力汽车和纯电动汽车牵引方法

	前置前驱车辆	前置后驱车辆	四轮驱动车辆
拖车（前轮着地）	×	○	×
拖车（后轮着地）	○	×	×
拖车（四轮着地）	×	×	×
拖车（四轮抬起）	○	○	○
平板拖车	○	○	○

注：○ 表示可拖曳车辆；× 表示不可拖曳车辆。

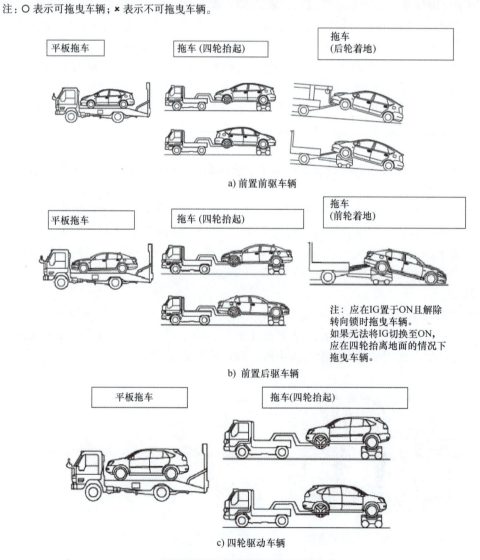

图 1-2-11　正确的牵引车辆方式

（5）跨接起动

无论是纯电动汽车还是混合动力汽车，其全车控制模块的供电都是通过12V蓄电池来完成的。也就是说，在新能源汽车中，除了高压动力电池外，所有的车辆还会配置有12V低压蓄电池。图1-2-12是丰田普锐斯的12V低压蓄电池。

图 1-2-12　位于行李箱的普锐斯12V蓄电池

由于12V蓄电池用来给所有ECU供电，若没有该电源，ECU不能工作，车辆也没法驱动。如果纯电动汽车或混合动力汽车没有起动，则12V辅助电池可以跨接起动。以丰田普锐斯为例，具体的操作方法如下：

1）找到12V蓄电池跨接端子。如图1-2-13所示，2004款丰田普锐斯发动机罩下面的12V跨接起动端子有一个"+"标志的红色塑料盖，打开盖子可以找到用于跨接的端子。

图 1-2-13　普锐斯12V蓄电池跨接端子

2）按图1-2-14所示a、b、c、d优先顺序选择连接跨接电线。

> **注意：** 动力电池组无法跨接起动。

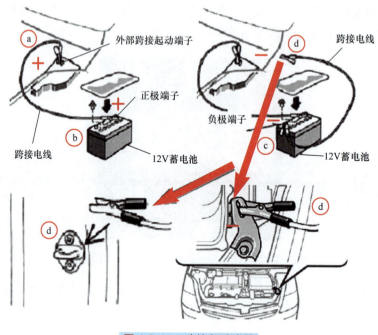

图 1-2-14 跨接起动步骤

扫一扫
检查防护用品

三、任务实施

1. 实施要求

本任务主要包括两项操作内容：

1）根据实训场地个人安全防护设备的类型，练习使用个人安全防护设备，并学会如何正确自检安全防护设备。

2）练习使用 ABC 干粉灭火器，学会正确认知 ABC 干粉灭火器，并正确使用干粉灭火器。

2. 实施准备

1）防护装备：安全防护装备。

2）车辆、台架、总成：无。

3）专用工具、设备：ABC 灭火器。

4）手工工具：无。

5）辅助材料：无。

3. 实施步骤

（1）个人安全防护装备使用练习

根据学习的内容，参照防护装备说明书，进行个人安全防护装备使用练习。

1）绝缘鞋。

2）绝缘手套。

3）护目镜。

（2）ABC 灭火器使用练习

1）在灭火时，将干粉灭火器提到起火地点，首先提起干粉灭火器上下摆动，使干粉灭火器内的干粉变得松散。

2）然后再拔掉铅封——保险销（图1-2-15），离火势5~7m处，一只手拿喷管对准火势，另一只手用力压住压把，拿喷管左右摆动，干粉在气体的压力下由喷嘴喷出，形成浓云般的粉雾而使火熄灭。

3）最后扑救地面油火时，要平射，左右摆动、使干粉掩盖火势面积，根据火势情况，漫步向火势靠近，使火势彻底扑灭（图1-2-16）。

图1-2-15　拔掉保险销

图1-2-16　正确的灭火姿势

注意事项：

① 因射程和喷射时间有限，灭火时要选准距离和角度尽量接近火源，掌握好灭火方向和角度。

② 干粉几乎没有冷却作用，要防止复燃。

四、任务考核

学习目标	考核题目（判断题每题1分，单选题每题2分）	得　分
知识目标	1	1）橡胶制成的电工绝缘手套通常需要具备两种独立的性能：一要在进行任何有关高电压部件或线路的操作时，能够承受（　）以上的工作电压。 A. 500V　　B. 7000V　　C. 1000V　　D. 以上都不对	
		2）防止触电的个人安全防护设备主要是绝缘手套、护目镜、绝缘鞋，以及非化纤材质的衣服。（　）	
		3）绝缘手套需要定期检验，不需要每次使用前进行泄漏检查。检查的方法是向手套内吹入一定的空气，观察手套是否有漏气的风险。（　）	
		4）绝缘安全鞋的作用是使人体与地面绝缘，防止电流通过人体与大地之间构成通路，对人体造成电击伤害，把触电时的危险降低到最小程度。（　）	
	2	1）当新能源汽车被撞或乘员需要解救时，当心别弄断高压线。（　）	
		2）在对纯电动汽车或混合动力汽车操作时，急救人员要知道橙黄色电缆代表高电压。并在断开高压电池，接触电缆前也要等待（　）分钟，即等电容充分放电完毕。 A. 5　　B. 10　　C. 15　　D. 20	

(续)

学习目标		考核题目（判断题每题1分，单选题每题2分）	得 分
知识目标	2	3）高压动力电池电解液主要由带腐蚀性的化学液体组成，因此在着火后，可以采用大量的水或（　）灭火器灭火。 A. 泡沫　　B. 干粉　　C. 清水　　D. 以上都不对	
		4）混合动力汽车还是纯电动汽车，正确的牵引方法是，使得全部平放在拖车上，然后牵引车辆到指定的位置。（　）	
技能目标	1	1）高压电车辆维修用的护目镜应该具有正面及侧面防护功能，防止维修过程中产生的电火花及电池电解液飞溅对眼睛的伤害。（　）	
		2）绝缘安全鞋要定期进行检验。检查表面完好无损伤，如有砂眼漏气，应禁止使用。（　）	
		3）维修高电压系统时，必须穿（　）类的工作服。 A. 非化纤　　B. 化纤　　C. 棉服　　D. 以上都不对	
	2	1）在使用干粉灭火器时，将灭火器提到起火地点，首先提起干粉灭火器上下摆动，使干粉灭火器内的干粉变得松散。（　）	
		2）使用灭火器时，要选准距离和角度尽量接近火源，掌握好灭火方向和角度。（　）	
		3）使用灭火器灭火时，不需要拔掉保险销。（　）	
总分： 　　　　分			
教师评语：			

任务三　绝缘拆装工具与检测设备使用

学习目标

◎ **知识目标**
1. 能够描述绝缘拆装工具的种类、性能及使用方法。
2. 能够描述新能源汽车检测仪表的种类、性能及使用方法。
3. 能够描述新能源汽车故障诊断仪器的种类、性能及使用方法。

◎ **技能目标**
1. 能够正确使用绝缘拆装工具。
2. 能够正确使用新能源汽车检测仪表。
3. 能够正确使用新能源汽车故障诊断仪器。

一、任务导入

你所在的维修站需要组建新能源汽车专业维修车间，你的主管让你做一份新能源汽车维修工具及检测设备配置清单，并且对采购的工具设备进行检查和测试，你能完成这个任务吗？

二、获取信息

引导问题 1　新能源汽车维修需要哪些拆装工具及检测设备呢？

除了传统的维修工具和检测设备外，新能源汽车因为存在高压电路，需要专用的维修工具及检测设备。常用的新能源汽车维修工具及检测设备见表 1-3-1。

表 1-3-1　新能源汽车常用的维修工具及检测设备

序号	类　型	工具设备名称	规格要求	单位	备　　注
1	拆装工具	绝缘工具套装	高压电维修绝缘工具，耐电压 1000V	套	
2	检测仪表	数字式万用表	符合 CAT Ⅲ 要求	个	如 FLUKE 系列万用表
3		钳型电流表	符合 CAT Ⅲ 要求	台	如 FLUKE 317
4		绝缘测试仪	符合 CAT Ⅲ 要求	台	如 FLUKE 1587
5	故障诊断仪器	专用车型故障诊断仪	对应车型	套	如北汽 BDS、比亚迪 ED400、ED1000

引导问题 2　新能源汽车拆装的绝缘工具有哪些类型和要求？应该如何使用？

1. 绝缘和绝缘材料

（1）绝缘的概念

绝缘是指用不导电的物质(绝缘材料)将带电体隔离或包裹起来，以对触电起防护作用的一种安全措施。

（2）绝缘的必要性

良好的绝缘是保证设备和线路运行的必要条件，也是防止触电事故、漏电、短路的重要措施。

（3）绝缘材料的作用

绝缘材料除了上述作用外，还起着其他作用：散热冷却、机械支撑和固定、储能、灭弧、防潮、防霉以及保护导体等。

2. 绝缘工具

（1）绝缘工具的特点

绝缘工具是采用绝缘材料进行加工并适用于电气系统拆装等操作的工具。使用绝缘工具可以有效防止意外触电事故的发生。新能源汽车涉及高电压的部分零部件拆装必须使用绝缘拆装工具。绝缘拆装工具必须装有耐电压 1000V 以上的绝缘柄。绝缘拆装工具包括常用的套筒、开口扳手、螺钉旋具、钳子、电工刀等，如图 1-3-1 所示。

（2）绝缘工具的类型

我国的绝缘工具分为 3 种类型：

1）Ⅰ类工具是指采用普通基本绝缘的工具。在防触电保护方面不仅依靠基本绝缘，而且还应

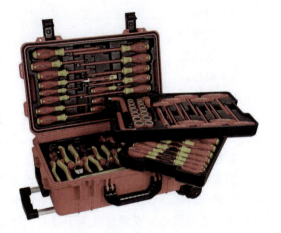

图 1-3-1　绝缘拆装工具

附加一个安全预防措施,即对正常情况下不带电,而在其基本绝缘损坏时变为带电体的外露可导电部分作保护接零。为了可靠,保护接零应不少于两处,并且还要附加漏电保护,同时要求操作者使用绝缘防护用品。

2)Ⅱ类工具是指采用双重绝缘或加强绝缘的工具。在防触电保护方面不仅依靠其基本绝缘,而且有将其正常情况下的带电部分与可触及的不带电的可导电部分作双重绝缘或加强绝缘隔离措施,相当于将操作者个人绝缘防护用品以可靠有效的方式设计制作在工具上。

3)Ⅲ类工具是指采用安全特低电压供电的工具。在防触电保护方面,依靠安全隔离变压器供电。

在高电压新能源汽车维修时,要求配备Ⅱ类以上的工具。

(3)绝缘工具的使用

绝缘工具的使用方法与普通工具相同,但是有以下注意事项:

1)应有专门的工具室存放,室内应通风良好、清洁、干燥。

2)如发现绝缘工具损伤或受潮,应及时进行检修和干燥处理,试验合格后方可使用。

3)绝缘工具必须按规定定期进行绝缘性能的试验,不符合试验要求的,禁止使用。

> **引导问题 3** 新能源汽车检测仪表有哪些类型和要求?应该如何使用?

新能源汽车在维修中使用的检测仪表有数字式万用表、绝缘电阻测试仪(如兆欧表、高压绝缘测试仪)和钳形电流表等类型。

1. 数字式万用表

新能源汽车使用的数字式万用表与普通车辆上使用的一样,但应该确保该型号的数字式万用表符合 CAT Ⅲ 安全级别的要求。图 1-3-2 是 FLUKE 87 型数字式万用表。

万用表通常具备以下检测功能:

1)交流/直流(AC/DC)电压、电流。

2)电阻。

3)频率。

4)温度。

5)二极管。

6)连通性。

7)电容。

8)绝缘测试(低压)。

图 1-3-2　FLUKE 87 型数字式万用表

有些汽车专用的万用表,还具有转速、百分比(占空比)、脉冲宽度以及其他功能(如利用蜂鸣器等读取故障码)。

2. 绝缘测试仪

新能源汽车在运行过程中难免会出现部件间的相互碰撞、摩擦、挤压,导致高压电路与车辆底盘之间的绝缘性能下降,电源正负极引线将通过绝缘层和底盘构成漏电流回路。当高压电路和底盘之间发生多点绝缘性能下降时,还会导致漏电回路的热积累效应,可能造成车辆的电气火灾。因此,高压电气系统相对于车辆底盘的电气绝缘性能实时检测是电动汽车电气安全技术的核心内容。电气绝缘性能检测时，需要使用专用的绝缘测试仪器，测量高压电缆及零部件对车身绝缘电阻是否位于规定值范围内。

（1）绝缘测试仪的类型

最常用的测试仪器就是兆欧表，但是其他类型的仪器也可以用来进行绝缘检测。这类仪器通常是多功能的，除了绝缘电阻测试外，还可以用来进行其他的测量。利用数字万用表、兆欧表、绝缘测试多用表或耐电压测试仪可以完成绝大多数的绝缘测试。

（2）兆欧表的功能及使用方法

常用的兆欧表是手摇兆欧表，俗称摇表，是用来测量大电阻和绝缘电阻的检测仪表，计量单位是兆欧（MΩ）。

1）兆欧表的功能。兆欧表的种类有很多，但其作用大致相同。图 1-3-3 是常见的手摇兆欧表及其接线柱的功能。兆欧表有三个接线柱，分别为"接地"（E）、"线路"（L）和"保护环"（或"屏蔽"）（G）。

① E 端。接地端，接被测设备的接地部分或金属外壳。

② L 端。接线端，接被测设备的导体部分。

③ G 端。保护环，主要用于电力电缆绝缘电阻的测量。

2）兆欧表的选用。选用兆欧表时，规定兆欧表的电压等级应高于被测物的绝缘电压等级。一般情况下，测量低压电气设备绝缘电阻时可选用 0~200MΩ 量程的兆欧表。测量额定电压在 500V 以下的设备或线路的绝缘电阻时，可选用 500V 或 1000V 兆欧表；测量额定电压在 500V 以上的设备或线路的绝缘电阻时，应选用 1000~2500V 兆欧表；测量绝缘子时，应选用 2500~5000V 兆欧表。

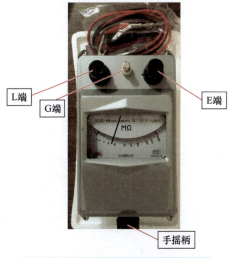

图 1-3-3　手摇兆欧表及接线柱功能

不论是 500V 还是 2500V 等额定电压的兆欧表，只要是在指针不为零的情况下，匀速摇（约 120r/min），指针就会稳定在表盘的某个位置，根据表盘的显示数值，就可以正确读出所测线路的绝缘电阻。

3）兆欧表的使用注意事项。

① 使用前应做开路和短路试验。使 L、E 两接线柱处于断开状态，摇动兆欧表，指针应指向"∞"；将 L 和 E 两个接线柱短接，慢慢地转动，指针应指向"0"处。这两项都满足要求，说明兆欧表是好的。

② 测量电气设备的绝缘电阻时，必须先切断电源，然后将设备进行放电，以保证人身安全和测量准确。

③ 兆欧表测量时应放在水平位置，并用力按住兆欧表，防止在摇动中晃动，摇动的转速为 120r/min。

④ 引接线应采用多股软线，且要有良好的绝缘性能，两根引线切忌绞在一起，以免导致测量数据不准确。

⑤ 测量完后应立即对被测物放电，在兆欧表的摇把未停止转动和被测物未放电前，不可用手去触及被测物的测量部分或拆除导线，以防触电（不能将兆欧表的 L 端和 E 端直接短接放电）。

4）绝缘电阻的测量方法。

① 测量线路对地的绝缘电阻。将兆欧表的"E"接线柱可靠地接地（一般接到某一接地体上），将"L"接线柱（L接线柱）接到被测线路上，如图1-3-4a所示。连接好后，顺时针摇动兆欧表，转速逐渐加快，保持在约120 r/min匀速摇动，当兆欧表的指针稳定后，指针所指示的数值即为被测物的绝缘电阻值。

实际使用时，E、L两个接线柱也可以任意连接，但G接线柱绝不能接错。

② 测量电动机的绝缘电阻。将兆欧表E接线柱接机壳（接地），L接线柱接到电动机某一相的绕组上，如图1-3-4b所示，测出的绝缘电阻值就是某一相的对地绝缘电阻值。

③ 测量电缆的绝缘电阻。测量电缆的导电线芯与电缆外壳的绝缘电阻时，将接线柱E与电缆外壳相连接，接线柱L与线芯连接，同时将接线柱G与电缆壳、芯之间的绝缘层相连接，不参加测量的线芯应与外壳短路连接，如图1-3-4c所示。

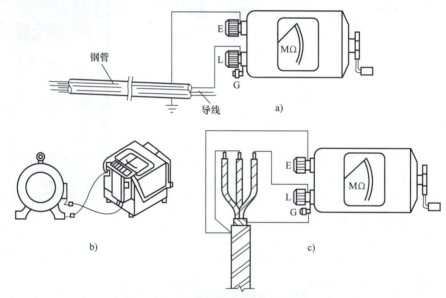

图1-3-4　兆欧表的接线方法

（3）绝缘多用表的功能及使用方法

下面以应用广泛的FLUKE 1587型数字式绝缘测试仪，也称绝缘多用表（图1-3-5）为例，介绍其功能和使用方法。

为了避免触电或人身伤害，应根据以下指南操作：

1）严格按仪表使用手册操作，否则可能会破坏仪表提供的保护措施。

2）如果仪表及其测试导线已经损坏或仪表无法正常操作，则请勿使用。若有疑问，请将仪表送修。

3）在将仪表与被测电路连接之前，始终记住选用正确的端子、开关位置和量程档。

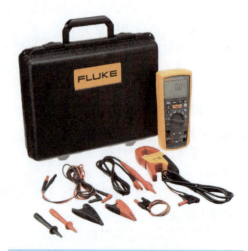

图1-3-5　FLUKE 1587型数字式绝缘测试仪

4）用仪表测量已知电压来验证仪表操作是否正常。

5）端子之间或任何一个端子与接地点之间施加的电压不能超过仪表上标明的额定值。

6）电压在交流有效值 30V，交流峰值 42V 或直流 60V 以上时应格外小心。这些电压有造成触电的危险。

7）出现电池低电量指示符时，应尽快更换电池。

8）测试电阻、连通性、二极管或电容以前，必须先切断电源，并将所有的电容器放电。

9）切勿在爆炸性气体或蒸汽附近使用仪表。

10）使用测试导线时，手指应保持在保护装置后面。

11）打开机壳或电池门以前，必须先把测试导线从仪表上拆下。不能在未安装好仪表顶盖或电池门打开的情况下使用仪表。

12）在危险的处所工作时，必须遵循当地及国家主管部门的安全要求。

13）在危险的区域工作时，应依照当地或国家主管部门的要求，使用适当的保护设备。

14）不要单独工作，维修时必须设专职监护人。

15）仅使用指定的替换熔丝来更换熔断的熔丝，否则仪表可能会遭到破坏。

16）使用前先检查测试导线的连通性。如果读数高或有噪声，则不要使用。

仪表以及使用手册上涉及的符号见表 1-3-2。其中"警告"代表可能导致人身伤害或死亡的危险情况和行为；"小心"代表可能会损坏仪表、被测设备，或导致数据永久性丢失的情况和行为。

表 1-3-2　仪表及使用手册的符号

符　号	含　义	符　号	含　义
∼	AC（交流）	⏚	接地点
⎓	DC（直流）	⎓⎓	熔丝
⚡	警告：有造成触电的危险	▫	双重绝缘
🔋	电池（在显示屏上出现表示电池低电量）	⚠	重要信息，请参阅手册

仪表的功能及使用方法如下：

1）旋转开关。选择任意测量功能档即可启动仪表。仪表为该功能档提供了一个标准显示屏（量程、测量单位、组合键等）。用蓝色按钮选择其他任何旋转开关功能档（用蓝色字母标记）。旋转开关的选择功能如图 1-3-6 所示，对应的功能介绍见表 1-3-3。

图 1-3-6　仪表旋转开关选择的功能档

表 1-3-3　旋转开关的选择功能介绍

开关位置	测量功能
$\widetilde{V}$	AC（交流）电压，30.0mV ~ 1000V
（仅1587型）	AC（交流）电压及 800Hz 低通滤波器
$\overline{V}$	DC（直流）电压，1mV ~ 1000V
$\overline{MV}$	DCmV（直流毫伏），0.1 ~ 600mV
（仅1587型）	温度，−40 ~ 537℃ 摄氏度（℃）为默认测量单位，关闭仪表后，您所选择的温度测量参数仍会保留在内存中
Ω	电阻，0.1Ω ~ 50MΩ
（仅1587型）	电容，1nF ~ 9999μF
)))	连通性测试，蜂鸣器在电阻小于 25Ω 时启动，在大于 100Ω 时关闭
（仅1587型）	二极管测试，该功能档没有量程规定，超过 6.6V 时显示 0L
$\widetilde{\overline{mA}}$	AVmA（交流毫安），3.00 ~ 400mA（600mA 过载最长持续 2min） DCmA（直流毫安），0.01 ~ 400mA（600mA 过载最长持续 2min）
INSULATION	电阻，0.01MΩ ~ 2GΩ，1587 型选用 50V、100V、250V、500V（默认）和 1000V 电源进行绝缘测试，1577 型选用 500V（默认）和 1000V 电源进行绝缘测试，关闭仪表后，最后一次选择的高压设置值仍会保留在内存中，在绝缘测试时，按蓝色按钮可激活仪表的"平稳化"功能

2）按钮。使用仪表按钮来激活可扩充旋转开关所选功能的特性。按钮如图 1-3-7 所示，对应的功能介绍见表 1-3-4。

图 1-3-7　仪表按钮功能图

表 1-3-4　仪表按钮的功能介绍

按钮	说　明
HOLD	该按钮可冻结显示值，再按一次释放显示屏，当读数改变时，显示屏会自动更新，仪表发出蜂鸣声，在 MIN、MAX、AVG（最小值、最大值、平均值）或 Hz（赫兹）模式下，该按钮控制显示保持。在 INSULATION TEST（绝缘测试）模式下，该按钮用来确定下一次按仪表或远程探头上的 INSULATION TEST 键时启动测试锁的时间，测试锁的作用是把按钮按住，直到再按一次 HOLD 或 INSULATION TEST 键来开锁
MINMAX	按此按钮开始记录最大值、最小值和平均值。持续按此按钮可显示最大值、最小值和平均值。按住此按钮取消 MIN、MAX、AVG

（续）

按钮	说 明
Hz（仅1587型）	激活频率测量
RANGE	将量程模式从 Auto（自动量程模式，默认）改为 Manual Ranging（手动量程）模式。按住该按钮，可返回 Auto Ranging（自动量程）模式
☼	打开或关闭背光灯，背光灯在 10min 后自动熄灭
INSULATION TEST	当旋转开关处于 INSULATION（绝缘）位置时，启动绝缘测试，使仪表供应（输出）高电压并测量绝缘电阻
○	蓝色按钮，其功能相当于 SHIFT 键，按此按钮可使用旋转开关上蓝色标记的功能

3）显示屏。仪表的显示屏指示符如图 1-3-8 所示，对应的信息介绍见表 1-3-5。

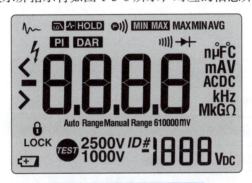

图 1-3-8　仪表显示屏指示符

表 1-3-5　仪表显示屏信息介绍

符 号	说 明
	显示屏指示符
➕	电池低电量。指示应何时更换电池，当显示此符号时，背光灯按钮被禁止以延长电池寿命。警告：为了避免因读数出错导致触电或人身伤害，当显示电池低电量指示符时，应尽快更换电池
🔒 LOCK	表示下一次您按下仪表或远程探头上的 INSULATION TEST 键时，测试锁将被投入使用，测试锁的作用是将按钮按住，直到再按一次 HOLD 或 INSULATION TEST 键
＞	负号，或大于符号
⚡	危险电压警告，表示在输入端检测到 30V 或更高电压（交流或直流取决于旋转开关的位置）当在 ṽ v̄ MV 开关位置上，OL 显示在显示屏上，以及 batt 显示在显示屏上时，同样会出现该指示符，当绝缘测试正在进行，或处于 Hz 模式时，此符号也会出现
∿	平稳化功能被启用。平稳化功能是利用数字过滤消除快速变化的输入值的显示波动，仅 1587 型仪表的绝缘测试可使用平稳化功能，有关平稳化功能的更详细信息，请参阅开机通电选项
Lo	表示选择了 AC（交流）电压的低通滤波功能
∿HOLD	表示 Auto hold（自动保持）功能已启用
HOLD	表示 Display hold（显示保持）功能已启用

(续)

符号	说明
MIN MAX / MAX MIN AVG	表示已经使用 MINMAX 按钮选择了最小读数、最大读数或平均数
)))	已选择连通性测试功能
➔⊢ (仅1587型)	已选择二极管测试功能
nF, μF, ℃ ℉, AC, DC Hz, kHz, Ω kΩ, MΩ, GΩ	测量单位
8.8.8.8	主显示
V_{DC}	直流电压
1888	辅助显示
Auto Range Manual Range 610000mV	显示当前使用的量程档
2500V 1000V	绝缘测试所用的电源电压额定值:50V/100V/250V/500V(默认)或1000V(1587型)。500V(默认)和1000V量程档(1577型)
TEST	绝缘测试指示符,当施加绝缘测试电压时该符号会显示在显示屏上
出 错 信 息	
batt	出现在主显示位置,表示电池电量过低,不足以可靠运行,更换电池之前仪表不能使用。当主显示位置出现此符号时, ➕ 也会显示
bat	出现在辅助显示位置,表示电池电量过低,不足以运行绝缘测试,在更换电池之前,INSULATION TEST 按钮被禁用,如把旋转开关转到其他任何功能档,该信息消失
OL	表示超出量程范围的数,当检测到开路的热电偶时,也会出现此符号
LEAd	测试导线警告,当开关调至或移开 $\widetilde{\overline{mA}}$ 位置时,该信息将会短暂显示在显示屏上,并且仪表发出一声蜂鸣声
diSc	仪表不能将电容放电
EPPr Err	EEProm 数据无效,请将仪表送修
CAL Err	校准数据无效,请校准仪表

4)仪表插孔。仪表的插孔如图 1-3-9 所示,对应的插孔功能介绍见表 1-3-6。

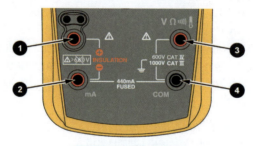

图 1-3-9 仪表插孔

表 1-3-6　仪表插孔功能介绍

序号	说　　明
①	+，用于绝缘测试的插孔
②	-，用于绝缘测试的插孔。用于 440mA 以内的 AC（交流）和 DC（直流）电流测量，以及电流频率测量的插孔
③	用于电压、连通性、电阻、二极管、电容、电压频率及温度（仅 1587 型）测量的插孔
④	用于绝缘测试以外的所有测量的公共插孔

5）测量操作步骤。在将测试导线与电路或设备连接时，在连接带电导线之前，先连接公共（COM）测试导线；当拆下测试导线时，要先断开带电的测试导线，再断开公共测试导线。以下只介绍绝缘测试步骤，其他测试参照仪表的使用说明书。

绝缘测试只能在不通电的电路上进行。测试之前先检查熔丝。绝缘测试步骤如下：

① 将测试探头插入 "+" 和 "-" 插孔。

② 将旋钮转至 "INSULATION（绝缘）"位置。当开关调至该位置时，仪表将启动电池负载检查。如果电池未通过测试，显示屏下部将出现电池符号，在更换电池前不能进行绝缘测试。

③ 按 "RANGE" 选择电压。

④ 将探头与待测的电路连接。仪表会自动检查电路是否通电。

⑤ 主显示位置显示 "----" 直到按下 "INSULATION TEST" 按键，此时将获取一个有效的绝缘电阻读数。

⑥ 如果电路电源超过 30V（交流或直流），主显示区显示超过 30V 以上警告的同时，显示高压符号，测试被禁止，必须立即关闭电源。

绝缘测试方法如图 1-3-10 所示。

3. 钳形电流表

在新能源汽车诊断与维修时，经常会需要测量导线中的电流。由于驱动系统的导线（如逆变器与电动机之间）存在较大的交变电流，必须使用钳型电流表（也称数字电流钳）进行间接测量。

FLUKE 317 型钳形电流表，如图 1-3-11 所示。

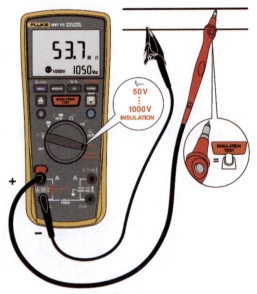

图 1-3-10　绝缘测试方法

图 1-3-11　FLUKE 317 型钳形电流表

其工作部分主要由电流表和穿心式电流互感器组成。穿心式电流互感器铁心制成活动开口，且成钳形，故名钳形电流表，是一种不需断开电路就可直接测电路交流电流的携带式仪表。

钳形电流表是建立在电流互感器工作原理的一种不用断开电路就可直接测电路交流电流的基础上的，当放松扳手铁心闭合后，根据互感器的原理而在其二次绕组上产生感应电流，从而指示出被测电流的数值。当握紧钳形电流表扳手时，电流互感器的铁心可以张开，被测电流的导线进入钳口内部作为电流互感器的一次绕组。

（1）钳形电流表的产品特性

FLUKE 317 钳形电流表产品特性如下：

1）独特的 40A 小量程、高准确度电流测试，达到 0.01A 高分辨率以及 1.6% 高精度测量。
2）钳头纤薄，体型轻便，更适合于在狭窄空间内使用。
3）大型的背光显示，便于在黑暗的环境下使用。
4）启动电流功能，可以测量诸如电动机和照明等设备的启动电流。
5）电流频率测量。
6）精确度达到 0.01A 和 0.1V。
7）交流/直流电流测量。
8）交流/直流电压测量。
9）电阻测量。

（2）钳形电流表的电流测量方法

以 FLUKE 317 电流钳为例，在测量电流时，可以按以下步骤进行（图1-3-12）：

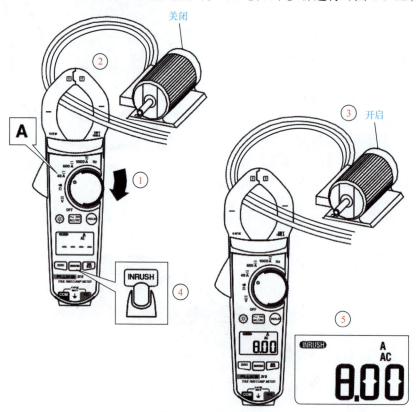

图1-3-12　档位选择

1)估算电流大小,选择正确档位与电流类型。例如,如果需要测量三相电动机的一相电流,选择交流电流档。

2)打开电流钳,将被测量线路放入电流钳口之中。

注意:测量时电流钳应该保持钳口闭合,否则将测量出不正确的电流。

3)起动被测量装置。

4)如需测量一个变化的电流,应在上步的基础上按下"INRUSH"键后再启动电流钳。

5)读取电流值。

引导问题 4 新能源汽车故障诊断仪器有哪些类型和要求?应该如何使用?

汽车电控系统故障诊断仪器用于对应车型的故障诊断,也称解码器、故障扫描仪等。不同车型采用的故障诊断仪器也不同。诊断仪器应能与被检测车辆的 ECU 通信。

1. 北汽新能源诊断仪器

北汽新能源汽车采用 BDS(BAIC BJEV Diagnostic System),将诊断软件安装在计算机终端上(图 1-3-13),通过通信电缆与车辆的故障诊断座(OBD)连接,与车辆的 ECU 通信进行故障诊断(图 1-3-14)。

图 1-3-13 BDS 界面

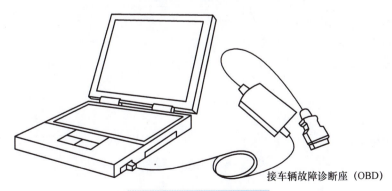

图 1-3-14 BDS 连接方式

下面介绍 BDS 的功能及操作步骤，软件安装、升级等其他相关信息。请参照软件使用说明书。

（1）软件功能使用说明

BDS 软件功能使用说明见表 1-3-7。

表 1-3-7　BDS 功能说明表

功能图标	功能名称	功能描述
🏠	主界面	BDS——汽车无线诊断系统主界面，介绍和描述产品性能和品牌
🚗	汽车智能诊断系统	汽车无线诊断系统的核心功能，它提供了简易而专业的汽车综合诊断功能，包括读 ECU 信息、故障码分析、数据流分析、数据流冻结帧、元件执行、ECU 编程、匹配、设定和防盗等功能
⚙	系统设定	汽车无线诊断系统的系统设定功能，它提供多种功能操作模式、连接方式、公英制单位切换和语言选择等功能，从而丰富用户体验
📇	软件管理	产品软件管理，用于甄别汽车诊断软件的版本信息，以便客户升级软件；用于客户管理汽车诊断车型软件；用于注册用户信息，以加强用户的安全性，以及客户打印测度报告时显示用户信息
🏃	系统退出	安全退出 BDS

（2）车型诊断操作步骤。操作步骤如下：

1）连接软件系统。请将通信电缆（诊断盒子）连接到汽车的故障诊断座（OBD），连接完后，电源指示会灯亮。固定的 SSID 为 UCANDAS，如果 WIFI 自动连接没有成功，请手动设置 WIFI 连接到 UCANDAS，WIFI 连接成功后，无线图标会点亮，如图 1-3-15 所示。

图 1-3-15　BDS 连接界面

2）启动 BDS 软件，点击汽车诊断图标，如图 1-3-16 所示。

项目一 新能源汽车维修安全防护与工具设备使用 | 33

图 1-3-16　启动 BDS 软件

3）选择你需要的车型图标，点击软件版本，进入对应车型诊断程序，如图 1-3-17 所示。

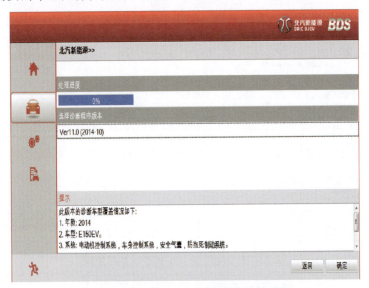

图 1-3-17　BDS 进入车型诊断程序界面

4）按"确定"按钮，进入车型诊断，如图 1-3-18 所示。

图 1-3-18　BDS 进入车型诊断界面

5）进入车辆信息（品牌、车型、年份）选择界面，如图 1-3-19 所示。

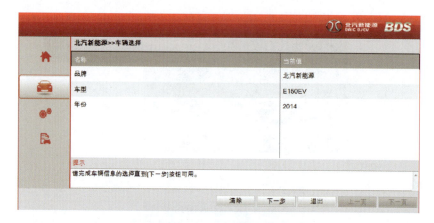

图 1-3-19　BDS 车辆信息选择界面

6）点击"下一步"按钮进入系统选择，如图 1-3-20 所示。

图 1-3-20　BDS 进入车辆系统选择界面

7）选择检测的系统，如图 1-3-21 所示。

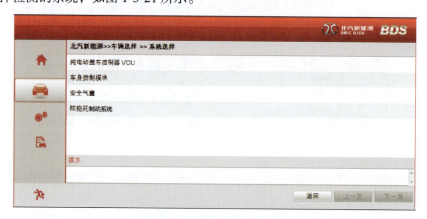

图 1-3-21　BDS 车辆系统选择界面

8）根据选择的系统，进行需要的功能选择，如故障码或数据流的读取，如图 1-3-22~ 图 1-3-24 所示。

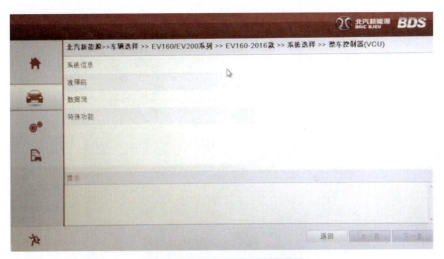

图 1-3-22　选择需要的功能 1

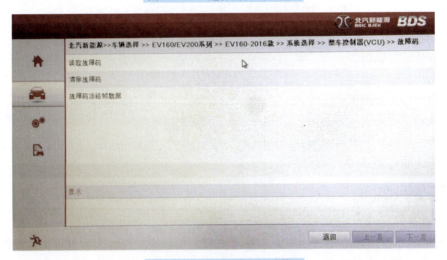

图 1-3-23　选择需要的功能 2

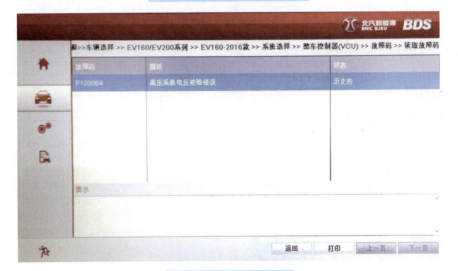

图 1-3-24　故障码显示

2. 比亚迪诊断仪器

图 1-3-25 为比亚迪 ED400 诊断仪器。

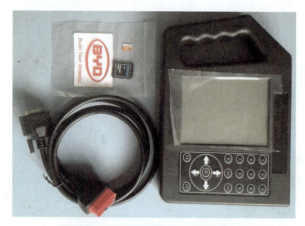

图 1-3-25　比亚迪 ED400 诊断仪器

汽车诊断仪器通常具备以下检测功能：
1）读取清除故障码。
2）数据流读取。
3）执行元件动作测试。
4）系统基本设定。
5）控制模块的软件升级、编程、编码。
6）其他功能：如 ABS 总泵排气等。

三、任务实施

1. 实施要求

本任务目的是认识和使用新能源汽车绝缘拆装工具与检测设备。根据实训室的配备，分别认识绝缘拆装工具、检测仪表、故障诊断仪器的外观、型号、规格和用途，并进行实际测试，主要包括 3 项操作内容：

1）绝缘拆装工具的认识和使用。
2）数字万用表认识和使用。
3）故障诊断仪器的认识和使用。

2. 实施准备

1）防护装备：安全防护装备。
2）车辆、台架、总成：北汽新能源、荣威 e50、比亚迪 e6 或其他车型新能源车辆或台架。
3）专用工具、设备：绝缘拆装工具、普通数字万用表 (FLUKE 87)、数字电流钳 (FLUKE 317)、绝缘电阻测试仪（FLUKE 1587）、各车型（北汽新能源、比亚迪等）故障诊断仪器。
4）手工工具：无。
5）辅助材料：无。

3. 实施步骤

（1）拆装工具认识和使用

1）根据实训室的配备，分别认识各种绝缘拆装工具的外观、型号、规格和用途。

2）根据实训室的条件，采用绝缘拆装工具拆装新能源汽车相关部件。
（2）数字万用表认识和使用

下面以直流及交流电压测量，介绍万用表的使用方法。其他测量请详细阅读万用表的使用说明书。

→ **警告：**

在测量交直流电压时，请勿虚接，避免出现打火花现象、造成不必要的财产损失。在测量交流电压时，请勿用手触摸金属触点位置，避免发生触电危险。

1）测量交流电压（图1-3-26）。
①将黑表笔连接至COM插孔。
②将红表笔连接至电压、电阻测量插孔。
③将档位旋至交流电压档。
④测量交流电的电压。
⑤待读数稳定后，记录读数取下测量表笔，关闭万用表，拆下两根表笔。

2）测量直流电压（图1-3-27）。

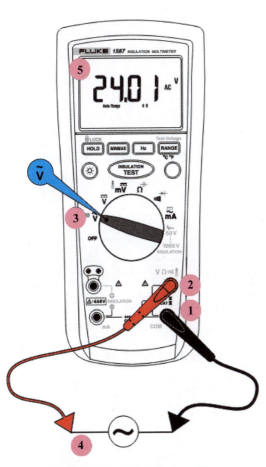

图1-3-26 测量交流电的电压

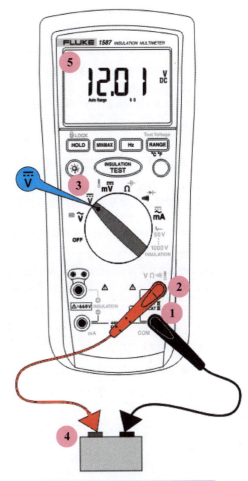

图1-3-27 测量直流电源的电压

① 将黑表笔连接至 COM 插孔。
② 将红表笔连接至电压、电阻测量插孔。
③ 将档位旋至直流电压档。
④ 将红表笔和黑表笔分别接直流电源的正极和负极，测量直流电压。
⑤ 待读数稳定后记录读数，取下测量表笔，关闭万用表，拆下两根表笔。

四、任务考核

学习目标		考核题目（判断题每题 1 分，单选题每题 2 分）	得 分
知识目标	1	1）不属于绝缘工具套装的是（　　） A.扳手　　B.常用的套筒　　C.绝缘手套　　D.以上都不对	
		2）使用绝缘工具可以有效防止意外触电事故的发生，新能源汽车涉及高压的部分零部件拆装必须使用绝缘拆装工具。（　　）	
		3）绝缘工具的使用方法与普通工具相同。但要注意定期做绝缘性能检查。（　　）	
		4）既然使用了绝缘拆装工具，就没有必要切断维修开关。（　　）	
	2	1）高电压绝缘测试仪器用于测量高压电缆及零部件对车身绝缘电阻是否位于规定值范围内。（　　）	
		2）不属于检测仪表的是（　　）。 A.故障诊断仪　　B.数字式万用表　　C.钳型电流表　　D.绝缘测试仪	
		3）兆欧表的电压等级应低于被测物的绝缘电压等级。（　　）	
	3	1）汽车诊断仪器通常具备的检测功能：（　　）。 A.读取清除故障码　　B.读取数据流 C.执行元件动作测试　　D.以上都正确	
		2）BDS 是（　　）品牌使用的诊断仪。 A.北汽新能源　　B.江淮汽车　　C.荣威汽车　　D.比亚迪汽车	
技能目标	1	1）绝缘拆装工具只要有塑料柄就能使用。（　　）	
		2）绝缘工具使用前，必须注意的事项是（　　）。 A.正确地选择、检查及使用绝缘手套、护目镜、防护服 B.去除所有金属物品 C.设立安全警戒标志，确保工作区域的安全性 D.以上都正确	
	2	1）以下不是万用表通常具备的检测功能的是（　　）。 A.电压测量　　B.导通性测量　　C.频率测量　　D.数据流读取	
		2）测量额定电压在 500V 以下的设备或线路的绝缘电阻时，可选用（　　）兆欧表。 A.200V 或 500V　　B.500V 或 1000V　　C.1000V 或 1500V　　D.以上都不正确	
		3）绝缘测试只能在通电的电路上进行。（　　）	
	3	1）汽车电控系统故障诊断仪器用于对应车型的故障诊断，也称解码器、故障扫描仪等。（　　）	
		2）不同的车型采用的故障诊断仪器也不同。诊断仪器应能与被检测车辆的 ECU 通信。（　　）	

总分：　　　分

教师评语：

任务四 高压中止与检验

学习目标

◎ **知识目标**

1. 能够描述新能源汽车高压部件电压的存在形式。
2. 能够描述高压系统中止与检验的操作步骤与注意事项。

◎ **技能目标**

能够正确执行新能源汽车的高压中止与检验操作。

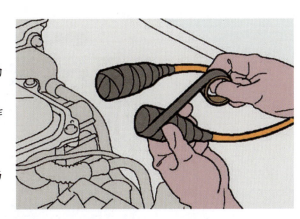

一、任务导入

一辆新能源汽车发生故障,需要进行高压系统电路检修,在检修之前必须执行高压系统中止,并完成高压禁用确认后才可以执行维修,你知道如何操作吗?

二、获取信息

引导问题 1 新能源汽车高电压是一直存在的吗?高电压是如何接通与关闭的?

由于新能源汽车具有高电压,因此在检修前必须首先按照高电压操作章程执行系统电压的中止操作。中止系统高电压以后,可以在一定程度上确保汽车高压系统的部分之间不再具有高电压,从而保证了维修人员的安全。

1. 新能源汽车的高电压存在形式

新能源汽车的高电压系统集中在车辆的驱动系统、空调与暖风系统,以及带有插电功能的充电系统。

维修车辆时,需要根据高电压存在的形式来区别对待。例如,在纯电动汽车的动力电池中会一直存在高电压,因此无论什么时候进行对动力电池的维修,都需要佩戴个人安全防护用品。但是,当执行了正确的高压中止程序以后,例如变换器、高压压缩机等系统就不再具有高电压了,此时对这些部件的维修可以不用再预防被高压击伤的危险了。

根据高电压存在的时间进行分类,新能源汽车高电压系统的高电压主要有持续存在、运行期间存在以及充电期间存在三种存在形式,如图 1-4-1 所示。

(1) 持续存在形式

新能源汽车的动力电池(图 1-4-2)持续存在高电压,即使当车辆停止运行期间,由于动力电池始终存储有电能,因此当满足动力电池的放电条件后,将继续对外放电。

高压电维修
注意事项

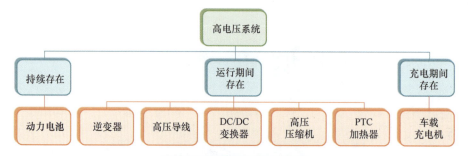

图 1-4-1 高电压存在形式

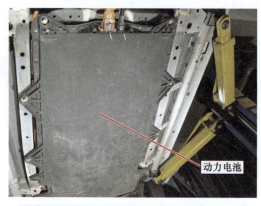

图 1-4-2 北汽 EV160 纯电动汽车动力电池

（2）运行期间存在形式

运行期间存在高电压的部件，是指当点火开关处于 ON、RUN 或其他运行状态下，部件存在高电压。运行期间存在高电压的系统或部件有两种类型：

1）一种是只要点火开关处于 ON 或 RUN 状态下就会存在高电压，这类部件包括有逆变器、PDU（集成 DC/DC 转换器）（图 1-4-3）和连接的高压导线。

2）另一种是虽然点火开关处于 ON 位置，但是由于该系统所执行的功能没有被接通，此时相关的部件仍然不会接通有高电压。纯电动汽车中的高压涡卷压缩机（图 1-4-4）和 PTC 加热器（图 1-4-5），该压缩机的特点是一半是高压涡卷压缩机，另一半是三相高电压驱动的电动机。在驾驶人没有运行车辆的空调或暖风功能时，这些部件的上面是不会存有高电压的。

图 1-4-3 逆变器和 PDU（集成 DC/DC 转换器）

图 1-4-4 典型的高压涡卷压缩机

图 1-4-5　PTC 加热器

1—冷的冷却液入口　2—热的冷却液出口　3—温度传感器　4—高电压接口　5—加热线圈

（3）充电期间存在

充电期间存在高电压主要指的是插电式混合动力和纯电动汽车，此类车辆的车载充电机（图 1-4-6）以及连接的导线只有在车辆连接有外部 220V 电网充电期间才会具有高电压。

需要注意的是，有些车辆的车载充电机和动力电池设计有独立的空调式冷却系统，当在车辆充电期间，由于动力电池可能产生很高的热量，因此车载空调会运行来降低动力电池的温度，此时车辆的高压压缩机也会在充电期间运行，也存在有高电压。

图 1-4-6　江淮 IEV 车载充电机

2. 新能源汽车高电压的接通与关闭控制

在新能源汽车中，除动力电池外，其他部件都是由整车控制单元或混合动力控制单元通过接触器控制高电压的接通与关闭的，这种类型与家庭用的设备供电一样（图 1-4-7）。动力电池类型与家里的外部来自电网的供电，无论家里的总闸是否打开与关闭，其总是有电的；而接触器所起的作用就是家里总电源的总闸，不同的是家里的总闸是人来控制的，新能源汽车的接触器是由 ECU 来控制。

接触器是一个大功率的开关电器，它用于控制高压导线正负极导线之间的接通与断开。接触器通常被布置在动力电池组总成内部或者是独立在一个配电箱中，如图 1-4-8 所示，在丰田普锐斯动力电池总成端部布置有多个接触器。接触器如果断开，整车仅动力电池上会存在高电压，位于接触器下游的高电压系统部件将没有高电压。

图 1-4-7　家用电网供电配电箱与总闸

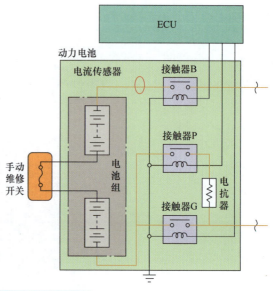

图 1-4-8 丰田普锐斯接触器

如图 1-4-9 所示，当 ECU 通过接触器切断位于动力电池与高压系统用电部件的连接后，整车除动力电池外，其他高压用电设备上就不再有高电压，也是安全的。

图 1-4-9 接触器连接形式

无论是纯电动汽车还是混合动力汽车，ECU 控制接触器的接通与关闭的条件如下：

（1）接触器接通条件

1）点火开关 ON。

2）高电压系统自检没有存在漏电等故障。

（2）接触器断开条件

1）点火开关 OFF。

2）高电压系统检测到存在安全事件的发生。

系统自检到存在安全事件，主要是系统根据自身设定的检验程序，在以下情况下，会因异常情况自动切断高压，避免人员触电：

① 高压系统自检到部件的互锁开关断开，如图 1-4-10 所示。

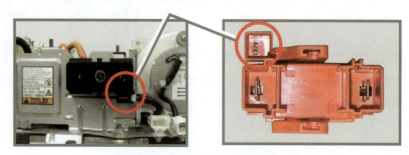

图 1-4-10 高压部件上的互锁开关

② 高压系统自检到部件或高压电缆存在对车辆绝缘电阻过低现象。
③ 车辆发生过碰撞,且安全气囊已弹出。

> **引导问题 2** 新能源汽车的高电压能像家里的电源总闸一样手动断开吗?

1. 手动切断动力电池高压

根据国家新能源汽车安全标准,在动力电池上都会设计有一个串联的手动维修开关,用于人工切断整个动力电池的回路,当该开关被断开后,整车的高压部件将不再具有高压,同时动力电池的总输出正负极端口也不再有高压。图 1-4-11 是丰田普锐斯动力电池的手动维修开关位置图。

图 1-4-11　丰田普锐斯手动维修开关(橙色)

需要注意的是,即使手动开关被断开,动力电池内的电池及其连接电路仍然在串联的位置还具有高电压。

由于手动维修开关能够物理上直接切断动力电池的高电压回路,因此汽车制造厂商都会将该开关设计有特殊的锁止结构,避免人为意外触发或者行驶中因为振动等因素断开。图 1-4-12 为通用 SPARK 纯电动汽车上的手动维修开关断开方法。

需要注意的是,手动维修开关的断开方法一般会标示在开关上面或车主的用户手册中。

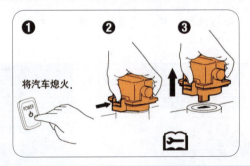

图 1-4-12　通用 SPARK 纯电动汽车手动维修开关断开方法

2. 高电压系统的中止与检验

在维修带有高电压的新能源汽车前,务必执行高电压的中止和检验操作,避免因意外高压触电。

高电压系统的中止与检验操作步骤主要分为以下 2 个部分:
1)高电压的中止。
2)高电压的检验。

（1）高电压的中止

高电压中止主要是通过正确的操作步骤来关闭车辆高压系统。正常情况下，执行高电压中止后，车辆除了动力电池外，其他部件应该都不具有高电压。

高电压中止的基本步骤如下：

1）关闭点火开关。关闭点火开关后，将钥匙放到一个安全的区域，通常应该远离汽车，如图1-4-13所示。

注意：如果使用按钮起动的车辆，把钥匙拿到离车至少5m远的地方，防止汽车意外起动。

图1-4-13　移出钥匙

2）断开辅助电池负极端子。找到12V辅助电池，断开电池的负极，并固定接地线，以防止接地线碰到电池负极端子，如图1-4-14所示。

3）拆除手动维修开关。找到维修开关并断开。将拆下的维修开关放在口袋中以防止其他人将它安装回车上去，并将裸露的维修开关槽使用绝缘胶布封住，如图1-4-15所示。

注意：当处理橙色高压组件和线路时，确保戴着绝缘橡胶手套。

图1-4-14　断开蓄电池负极端子并固定

图1-4-15　断开手动维修开关

4）等待5min。拆下维修开关后，必需要等待5min，使得高电压部件中的电容器进行放电，才可以继续对车辆进行高压检验操作，如图1-4-16所示。

（2）高电压的检验

高电压检验是利用数字万用表再次确认高电压中止以后，对具体维修的部件上确实已不再有高电压，该步骤符合高电压的检验操作标准。

如图1-4-17所示，使用万用表测量的高电压部件的连接器各个高电压端子，在执行高电压中止以后，每个端子对车身的电压应该低于3V，且端子正负极之间的电压也应该低于3V。

如果任一被测量的电压超过3V，说明系统内部存在高电压粘接情况，需要有经过特殊培训的工程师来进行处理。

图1-4-16　高电压系统具有内部电容

图1-4-17　高电压检验

➡ **警示：**
在检验高电压端子期间，必须佩戴好个人安全防护设备。

三、任务实施

1. 实施要求

本任务主要操作正确执行新能源汽车的高电压系统中止与检验，具体实训车辆可根据实训中心现有车辆来操作。本任务主要包括两项操作内容：

1）根据对应车型维修手册或参考信息，执行车辆高电压中止。
2）根据对应车型维修手册或参考信息，执行车辆高电压中止检验。

实操前准备：

1）检查个人安全防护设备，确保绝缘手套等防护用品在有效检验期内并可用。
2）检查车辆，确保实训车辆没有高压隐患。

➡ **警示：**
该实操具有一定的高电压安全危险，学生务必按照教师的指导操作。

→ 警示：
执行该操作时，必须有两名经过对应车型培训且具有高压电工证的教师执行。

2. 实施准备
1）防护用品：安全防护用品。
2）车辆、台架、总成：北汽新能源纯电动汽车；丰田普锐斯；比亚迪 e6；其他纯电动以及混合动力汽车。
3）专用工具、设备：绝缘拆装工具。
4）手工工具：无。
5）辅助材料：无。

3. 实施步骤
（1）丰田普锐斯高电压中止与高电压检验操作步骤。

以逆变器拆卸为例，高电压中止操作步骤如下：

1）关闭点火开关，并移开钥匙至车外。再次起动车辆以确认车辆没有钥匙且无法起动，如图 1-4-18 所示。

图 1-4-18　确认车辆无法起动

2）断开 12V 蓄电池负极。位置如图 1-4-19 所示。

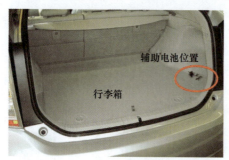
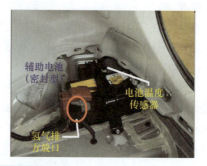

图 1-4-19　断开 12V 蓄电池负极

3）确认绝缘手套。在使用绝缘手套前，请确认无裂纹、磨损以及其他损伤，如图 1-4-20 所示。

项目一 新能源汽车维修安全防护与工具设备使用 | 47

图 1-4-20 绝缘手套检查

绝缘手套的检查流程：
① 侧位放置手套。
② 卷起手套边缘，然后松开 2~3 次。
③ 折叠一半开口去封住手套。
④ 确认无空气泄漏。

4）拆除维修开关，并保存在自己口袋中。维修开关的拆卸步骤（图 1-4-21）：

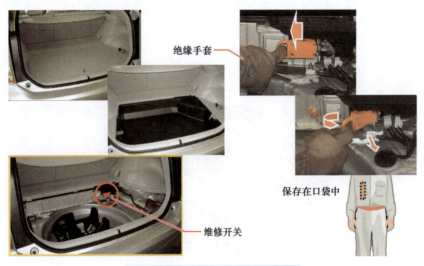

图 1-4-21 维修开关的拆卸步骤

5）在拆除维修开关后，等待 10min 或更长时间以便让高压电容放电，如图 1-4-22 所示。

图 1-4-22 高压电容放电

（2）高电压检验操作步骤：

以拆卸车辆逆变器为例。

1）断开逆变器与动力电池之间的高电压连接器，并使用数字万用表（绝缘等级超过1000V），测量连接器各个高压端子电压均为0V（量程为750V或更高），如图1-4-23所示。

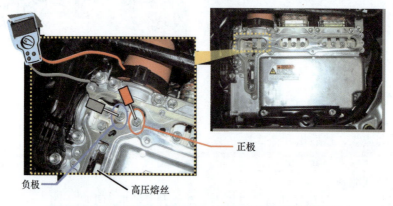

图1-4-23　断开逆变器与动力电池之间的高电压连接器

2）用绝缘乙烯胶带包裹被断开的高电压连接器端子，如图1-4-24所示。

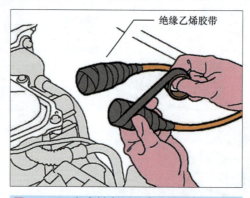

图1-4-24　包裹被断开的高电压连接器端子

（3）比亚迪e6手动维修开关的位置与断开方法

比亚迪e6的手动维修开关位于中央扶手箱的下部，如图1-4-25所示。需要拆卸该手动维修开关前，必须先拆下扶手箱上的饰板。

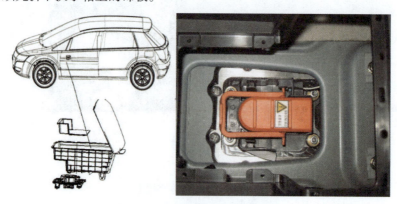

图1-4-25　找到手动维修开关

项目一 新能源汽车维修安全防护与工具设备使用 | 49

拆卸手动维修开关步骤如图 1-4-26 所示。

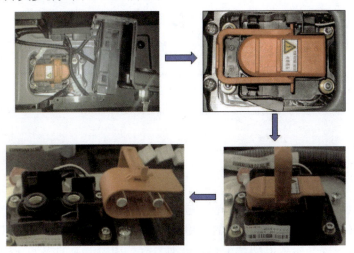

图 1-4-26　拆卸手动维修开关步骤

高电压检验程序参照上文关于普锐斯的操作程序。

四、任务考核

学习目标		考核题目（判断题每题 1 分，选择题每题 2 分）	得　分
知识目标	1	1）新能源汽车的动力电池持续存在高电压。（　）	
		2）逆变器在运行期间就会存在高电压。（　）	
		3）（多选）新能源汽车高电压存在的形式有（　　）。 A. 一直存在　B. 点火开关打开时存在　C. 充电期间存在　D. 一直不存在	
		4）（多选）新能源汽车高电压存在的主要类型有（　　）。 A. 直流高压　　B. 交流高压　　C. 变频高压　　D. 以上都不对	
	2	1）点火开关置于 ON 档时，高压压缩机就会存在高电压。（　）	
		2）手动开关被断开，动力电池内的电池及其连接电路仍然在串联的位置还具有高电压。（　）	
		3）手动维修开关用于（　　）。 A. 切断动力电池中连接回路　　B. 维修车辆底盘用 C. 切断驱动电动机电源　　　　D. 手动维修充电器用	
		4）拆下维修开关后，就可以继续对车辆进行高压检验操作。（　）	
技能目标		1）拆下维修开关后，必需要等待 5min，使得高电压部件中的电容器进行放电，才可以继续对车辆进行高电压检验操作。（　）	
		2）在高电压中止操作步骤中，不需要断开低压辅助蓄电池的负极。（　）	
		3）在拆除手动维修开关中不需要戴绝缘手套。（　）	

总分：　　　　分

教师评语：

项目二 新能源汽车动力电池

项目描述

动力电池（也称动力蓄电池、高压电池包）是纯电动汽车和混合动力汽车的重要能量存储动力源，在电动汽车上发挥着非常重要的作用。因此认识与学习动力电池是掌握新能源汽车知识的关键。本项目主要介绍纯电动汽车和混合动力汽车动力电池的类型、特点、内部结构等。包含以下3个任务：

任务一 动力电池的认知与更换。
任务二 动力电池分解与组装。
任务三 动力电池性能检测。

通过以上3个任务的学习，你能够了解动力电池的主要类型，熟悉动力电池的工作原理，掌握动力电池的分解、组装和检测方法，能够归纳分析市场上主要的动力电池的类型特点，为电动汽车的保养与维修奠定基础。

任务一 动力电池的认知与更换

学习目标

◎ 知识目标
1. 能够描述动力电池的组成与功能。
2. 能够描述动力电池的类型。
3. 能够描述动力电池的工作原理与特性。
4. 能够描述动力电池的存放与回收处理。

◎ 技能目标
能够进行动力电池总成的拆卸与安装。

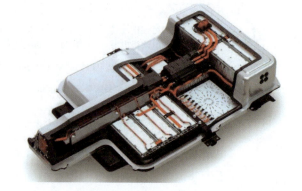

一、任务导入

一辆纯电动汽车的动力电池发生故障，你的主管让你更换动力电池总成，你能完成这个任务吗？

二、获取信息

引导问题 1 动力电池的作用是什么？安装位置在车辆的哪个位置？

将化学能转换成电能的装置叫化学电池，一般简称为电池。电池放电后，能够用充电的方式使内部活性物质再生把电能储存为化学能；需要放电时再次把化学能转换为电能，这类电池称为蓄电池，一般也称二次电池。

由 1836 年丹尼尔电池的诞生到 1859 年铅酸电池的发明，至 1883 年发明了氧化银电池，1888 年实现了电池的商品化，1899 年发明了镍镉电池，1901 年发明了镍铁电池，进入 20 世纪后，电池理论和技术处于一度停滞时期。但在 1945 年之后，电池技术又进入快速发展时期。首先是为了适应重负荷用途的需要，发展了碱性锌锰电池，1951 年实现了镍镉电池的密封化。1958 年 Harris 提出了采用有机电解液作为锂一次电池的电解质，20 世纪 70 年代初期便实现了军用和民用。随后基于环保考虑，研究重点转向蓄电池。镍镉电池在 20 世纪初实现商品化以后，在 20 世纪 80 年代得到迅速发展。

随着人们环保意识的日益增加，铅、镉等有毒金属的使用日益受到限制，因此需要寻找新的可代替传统铅酸电池和镍镉电池的可充电电池。锂离子电池自然成为有力的候选者之一，1990 年前后发明了锂离子电池，1991 年锂离子电池实现商品化，1995 年发明了聚合物锂离子电池（采用凝胶聚合物电解质为隔膜和电解质），1999 年开始商品化。

1. 动力电池的作用

动力电池的作用是接收和储存由车载充电机、发电机、制动能量回收装置或外置充电装置提供的电能，并且为驱动电动机和其他高压用电设备提供电能，类似于燃油车的油箱，如图 2-1-1 所示。

a) 动力电池充电

b) 动力电池储存能量回收装置产生的电能

c) 动力电池向电机等高压用电设备供电

图 2-1-1 动力电池的作用

动力电池是纯电动汽车的核心部件，也是新能源汽车上价格最高的部件之一。动力电池的性能好坏直接决定了车辆的实际价值。动力电池一旦失效，车辆就会处于瘫痪状态。动力电池属于高压安全部件，内部机构复杂，工作时需要很苛刻的条件，任何异常因素都将导致动力被切断，因此对动力电池的诊断与测试前必须经过严格的培训才能对动力电池进行各项作业。

2. 安装位置

动力电池尽可能放在清洁、阴凉、通风、干燥的地方并避免受到阳光直射，远离热源。动力电池应当水平安装放置，不可倾斜。动力电池之间应有冷却装置，以避免动力电池在使用过程中产生过高的热量而影响其性能或造成损坏，严重者可导致爆炸。

纯电动汽车的动力电池体积较大，一般位于车辆底部前、后桥及两侧纵梁之间，安装在这些位置可以有较高碰撞安全性，可以降低车辆重心，车辆操控性更好。图 2-1-2 是北汽 EV160 纯电动汽车动力电池安装位置。混合动力电动汽车的动力电池个体较小，可在行李箱和后排座椅的下方或之间。图 2-1-3 为普锐斯动力电池安装位置。

动力电池安装在这些地方，不但使拆装操作更加简单，避免了动力电池安装分散，减少动力电池之间高压连接线束的使用，避免了线路连接过多的问题，而且节约了成本。

图 2-1-2　北汽 EV160 纯电动汽车动力电池安装位置——车辆底盘

图 2-1-3　普锐斯动力电池安装位置

> 引导问题 2　　动力电池都有哪些类型？结构和工作原理分别是什么？

1. 锂离子电池

锂电池是指电化学体系中含有锂（包括金属锂、锂合金和锂离子、锂聚合物）的电池。

（1）锂离子电池基本结构

一般的锂离子电池的结构如图 2-1-4 所示，正极和负极的活性物质是利用一种被称为 Binder 的树脂胶粘剂固定在金属箔上，然后在其中间夹入隔膜后收卷而成。

（2）锂离子电池的工作原理

图 2-1-5 是锂离子电池的工作原理。它由作为氧化剂的正极活性物质、作为还原剂的负极活性物质、作为锂离子导电的电解液以及防止两个电极产生短路的隔板组成，利用正极与负极之间锂离子的移动来进行充电和放电。

向左的反应表示充电，向右的反应表示放电，锂离子被插入到碳素内，锂离子电池是通过使锂离子在正极和负极之间移动来完成放电和充电的。

锂离子电池是锂离子在电极之间移动而产生电能的，这种电能的存储和放出是通过正极活性物质中放出的锂离子向负极活性物质中移动完成化学反应。

这种化学反应是锂离子电池的最大特点。锂离子电池反应的这种特点，使锂离子电池比传统的二次电池具有更长的寿命。

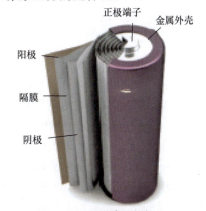
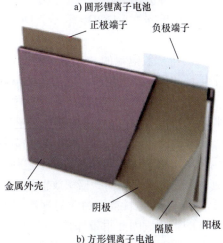

图 2-1-4　典型锂离子电池的结构

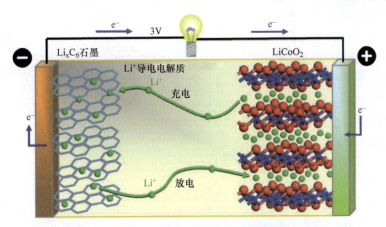

图 2-1-5　锂离子电池的工作原理

此外，电极材料种类较大的选择空间也是它的一大特点，再加上锂离子电池本身就具有小型化、轻量化和高电压化的特点，通过材料的选择和结构设计即能实现高输出功率和高容量，因此可以设计出与实际用途完全相符的结构及特性，这也是锂离子电池的优势之一。

（3）锂离子电池的基本特性

1）电池的电能。电池输出的电能 E 等于从电池中所能取出的电量（电流 × 时间）Q 与电池电压 U 的乘积，即

$$E = QU$$

在充电上限电压到放电下限电压的范围内所放出的电量即为电池的容量。尽管提高上限电压将增加电池的容量，但是随着活性物质和电解液氧化还原反应的进行，一般会出现耐久性下降的倾向。多数情况下电池电压是用平均电压值来代替的，平均电压（额定电压）的定义是达到总电能 1/2 放电量时的电压值。例如，额定电压为 3.7V、公称容量为 2.4A·h 的 18650 规格（直径 18.3mm × 长度 65mm）的锂离子电池的总能量为 8.9W·h，体积能量密度为 520W·h/L、质量为 44g 时的质量能量密度为 201W·h/kg。

2）剩余电量的估算。关于电池的充电状态，多数以 SOC 形式来表示，SOC 采用剩余容量与设计容量的比率表示，充电时电量达到充满状态时即为 SOC（%），放电容量与设计容量的比率采用放电深度（DOD）表示，DOD 和 SOC 的关系为

$$DOD = 1 - SOC$$

对于一般电池的 SOC 和 DOD，多根据电压值进行估算，但是对于锂离子电池而言，电压平坦域的具体观察将视不同的电极材料而定，有时难以根据电压来估算 SOC。

3）小时率。一般情况下，充电时和放电时的电流值采用小时率（充／放电倍率）表示。假设某种电池在 1h 内以标称容量进行充电或放电时的电流值为 $1C$，那么第 10h 的电流值将为 $0.1C$，因此，电流值 $1C$ 将随电池容量的改变而发生变化，在表示电池的充放电性能时会被频繁地使用，而电池的标称容量并不包括内电阻所产生的影响，因此，采用以 $0.1C$ 以下的低倍率充电到上限电压并以同一倍率放电到终止电压时的容量表示。

4）充放电性能。由于对锂离子电池进行过度充放电会对其安全性和循环寿命的保持带来不良的影响，因此附带保护电路。当从 SOC0% 起开始充电时，一般采用先按恒定电流模式充电到上限电压，其后再在该模式下边降低电流边充电来防止发生过度充电的情况。为了缩短在恒定电流模式下的充电时间，有的情况下可以允许恒定电压在瞬间状态超过上限电压，并采用以矩形电流模式流动的脉冲充电方式进行充电。另外，通常放电是以恒定电流模式进行到达下限电压时为止。由于电池的内电阻会使电压以与电流成正比的速率下降，如图 2-1-6 所示，当采用较高的倍率进行放电时，电压和容量均会下降，而且电解液中离子的导电性在低温时会发生下降，以致引起内电阻增加，从而使电压和容量下降，如图 2-1-7 所示。

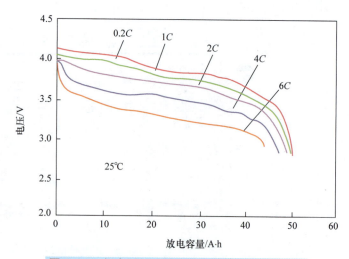

图 2-1-6 锂离子电池的放电容量与放电倍率关系

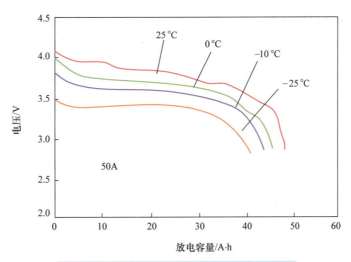

图 2-1-7　锂离子电池的放电容量与温度关系

不同材料的离子电池的性能参数见表 2-1-1。

表 2-1-1　锂离子电池性能参数

正极材料	平均输出电压 / V	能量密度 /（mA·h/g）
$LiCoO_2$	3.7	140
$Li_2Mn_2O_4$	4.0	100
$LiFePO_4$	3.3	130
Li_2FePO_4F	3.6	115

不同材料的离子电池的性能对比见表 2-1-2。

表 2-1-2　锂离子电池性能对比

性　　能	能量密度	价格优势	安全性	循环寿命
优	18650 电池（钴酸锂）	18650 电池（钴酸锂）	磷酸铁锂	磷酸铁锂
中	磷酸铁锂	锰酸锂	锰酸锂	锰酸锂
差	锰酸锂	磷酸铁锂	18650 电池（钴酸锂）	18650 电池（钴酸锂）

2. 镍氢电池

（1）镍氢电池结构

镍氢动力电池是将 84~240 个容量为 6~6.5A·h 的单体电池以串联方式连接后使用的。迄今为止，已开发出了圆形和方形的混合动力汽车用的镍氢电池，如图 2-1-8 所示。

a）丰田普锐斯的镍氢电池单元　　　　b）本田思域的镍氢电池单元

图 2-1-8　混合动力汽车镍氢电池的形状

图2-1-9是圆柱密封型镍氢电池的单体电池结构（单一规格）及模块结构的示例。这种电池的结构是将以隔板作为间隔层的镍正极板和贮氢合金负极板卷成涡旋形后插入用金属制成的外壳内，正极和负极分别采用烧结式（或非烧结式）的镍正极和膏状的贮氢合金负极。封口的固定方法是把以绝缘垫圈作为间隔的且具有再恢复功能的安全阀的封口板预先固定在电解槽的外壳上。为了在即使有大电流流过的瞬间也能阻止电池电压的下降或发热，正极和负极的集电体采用了尽可能降低连接电阻值的设计方法。由于单体电池连接成的模块将搭载在车辆上，因此模块必须具有承受剧烈振动的能力，并必须以很低的连接电阻来承担单体电池之间的电气连接，另外，能牢固支撑模块的结构体也很重要。

采用碟形的连接环对单体电池之间进行电气连接，因为这种连接环能够以最短距离和最大宽度的方式来完成单体电池之间的电气连接，因此才使单体电池之间采用低电阻接线的设想成为可能。另外，经过精心研制，这种连接环不仅具有电气连接的功能，而且其结构体以强度和柔软性兼备的特点发挥出了重要的支撑作用。为了防止在单体电池之间发生短路，专门嵌入了用树脂制作的绝缘环，从而保证了模块强度的强化和安全性。位于模块的两端且能够采用螺钉被固定在模块之间的连接母线上的端子是通过焊接方式被固定的。

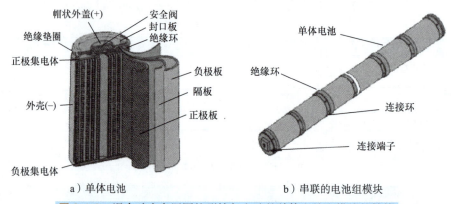

a）单体电池　　　　　　b）串联的电池组模块

图2-1-9　混合动力车用圆柱形镍氢电池的单体电池和模块的结构

图2-1-10是一种采用树脂电解槽的方形镍氢电池模块。该模块是一种具有6个电极群结构的电池，其电极群的结构由6个单体电池组成的整体式树脂型电解槽，分别将多块镍正极板和贮氢合金负极板以隔板作为间隔层互相重叠而成，封口采用的是一种可再恢复安全阀的树脂型外盖，下端部与电解槽上端部之间采用热焊进行密封焊接的结构。通过将设置在模块的电解槽表面的凸筋相互对接，便能在模块之间形成间隙，这样就可以使冷却气流从该间隙中穿过，从而获得更为均匀的冷却效果。对于这种方形的电池模块，以串联方式连接20~40个模块时，由于它比圆柱形模块更节省空间且减轻了质量，因此具有良好的搭载性。

（2）镍氢蓄电池的工作原理

镍氢蓄电池是由氢离子和金属镍合成，电量储备比镍镉蓄电池多30%，比镍镉电池更轻，使用寿命也更长。

充电时，在正极氢氧化镍被氧化生成羟基氧化镍和水。另一方面，水在负极被还原，在贮氢合金的表面生成氢原子，此氢原子被贮氢合金吸收发生反应，生成金属氢化物。放电反应则与之相反。

镍镉蓄电池的电池反应不同，在镍氢蓄电池中，充电时氢从正极向负极移动，放电时向反方向移动，其间并不伴随着电解液总量和浓度的增减。电解液中的OH^-虽然参与正极和负极的反应,但在电池反应中 OH^- 并没有增减。

图 2-1-10 用于混合动力汽车的方形镍氢电池模块的结构(由 6 个单体电池组成)

(3)混合动力汽车用镍氢电池的特性

将电池封装体搭载在车辆上,不但要求它具有良好的耐振动特性和耐冲击性,而且在结构上应该保持能把因大电流充放电时产生的电池热量迅速发散而使其冷却。此外,因电池的特性随温度不同会有较大的变化,因此最好能够尽量减小封装体内电池温度的分散度。

1)镍氢电池输出功率特性。近年来随着镍氢动力电池技术的不断发展,其输出功率密度正在逐年上升。尽管混合动力汽车镍氢电池的电能量(容量)还不到电动汽车镍氢电池的 1/10,但是要求其具有与电动汽车相同的输出功率和再生恢复性能。因此,正在通过多种技术领域致力于对单体电池或电池模块(由多个单体电池以串联方式连接而成的电池组)的研究开发工作。

2)镍氢电池充电恢复特性。混合动力汽车电池的使用方法与一般电池使用方法存在很大的差异。即混合动力汽车电池不进行完全充电和完全放电。车辆行驶时已被输出的电能始终以再生电能被回收,以形成电能再收支的平衡。因此,对混合动力汽车镍氢电池的充电恢复能力具有很高的期望值。利用再生制动能够将车辆在减速时的能量进行高效回收。

3)镍氢电池寿命特性。对于用于混合动力汽车的电池,需要采用控制方式使它不进行完全充电和完全放电,并维持在一个电能可以随时进出的状态。根据这样的使用方式在各种不同的条件下对电池的寿命特性进行计算,其结果同样表明完全能够使混合动力汽车电池大致达到与车辆相同的寿命。

> **引导问题 3** 动力电池回收与处理有哪些注意事项?

对高压动力电池部件进行维修时,必须采取特别的防护措施,同时遵守与工作环境相关的所有高压安全防护措施,还需要佩戴个人防护设备。

如图 2-1-11 所示,只允许将动力电池及其组件例如电池模块存放在带有自动灭火装置的空间内。此外必须装有火灾探测器,从而确保即使不在工作时间内也能识别出失火情况。原则上不允许将动力电池放在地面上,而是只能放在架子上或绝缘垫上。必须将各电池模块存放在可上锁的安全柜内。当动力电池单元故障但未损坏时,可像起动蓄电池一样将其放在运输容器内。

图 2-1-11 存放完好无损的高电压蓄能器和电池模块

出现以下情况时就会视为蓄能器损坏：

1）动力电池单元带有可见烧焦痕迹。
2）动力电池单元具体部位可见高温形成迹象。
3）动力电池单元冒烟。
4）动力电池单元外部面板变形或破裂。

必须将损坏的高电压蓄能器临时存放在户外带有特殊标记的容器内至少 48h，之后才允许进行最终废弃处理，如图 2-1-12 所示。

存放位置必须与建筑物、车辆或其他易燃材料例如垃圾容器保持距离 5m 以上，必须将外部损坏的高电压蓄电池单元放在耐酸且防漏凹槽内，以免溢出的电解液流入土壤。

由于存在危险和污染环境，动力电池应由厂家或专门的机构回收处理。

2016 年 12 月 1 日，为加强新能源汽车动力电池回收利用管理，规范行业发展，工信部发布《新能源汽车动力蓄电池回收利用管理暂行办法(征求意见稿)》，该办法从设计、生产及回收责任、综合利用、监管管理等方面作出明确的规定。该办法提出，工信部会同国家标准化主管部门制定动力电池回收利用相关拆卸、拆解、包装运输、余能检测、梯级利用、材料回收利用等技术标准，建立动力电池回收利用管理标准体系。

图 2-1-12 动力电池存放方式

三、任务实施

1. 实施要求

本操作任务主要完成对纯电动汽车的动力电池组总成的拆卸和安装。

1）纯电动车动力电池总成的拆卸。
2）纯电动车动力电池总成的安装。

2. 实施准备

1）防护装备：防护用品一套（工作服、绝缘劳保鞋、护目镜、绝缘头盔、绝缘手套）。
2）车辆、台架、总成：北汽新能源 EV160 或其他纯电动车辆一辆。

拆卸动力电池总成

安装动力电池总成

3）专用工具、设备：充电器、电池组托架、专用测试仪、蓄电池拆装专用工具。
4）手工工具：新能源汽车维修组合工具。
5）辅助材料：高压电维修警示牌和设备、绝缘地胶、干粉灭火器、清洁剂。

3. 实施步骤

（1）拆卸前准备

必须满足一些前提才允许对高电压的动力电池单元进行有针对性的修理工作，这些前提条件既涉及人员安全也包括有特殊工具的要求。

拆卸与分解动力电池总成最重要的特殊工具包括：

1）可移动总成升降台以及用于拆卸和安装高电压动力电池单元的适配接头套件。
2）高电压动力电池单元电池模块充电器。
3）用于修理高电压动力电池单元后进行试运行的专用测试仪。
4）用于拆卸和安装电池模块的起重工具。
5）用于松开高电压动力电池单元内部卡子的塑料楔。
6）隔离带。
7）建议使用带发光条的黄色警示锥筒。

高电压动力电池单元修理工位必须洁净、干燥、无油脂、无飞溅火花，因此必须避免紧靠车辆清洗场所或车身修理工位，如有可能，应使用活动隔板或隔离带进行隔离。

➡ 警示：

只允许具备高电压动力电池单元修理资质的维修人员进行这项工作，而且只有符合检测计划且满足"外部没有机械损伤"前提条件时，才能打开高电压动力电池单元并根据检测计划更换损坏组件。

（2）安全注意事项

1）为了防止未经授权进入工位以及无法确保高电压本质安全或出现不明状态时应使用隔离带。离开工作区域时建议竖立发光黄色警告提示。
2）拆卸盖板前，应清除高电压动力电池单元盖板区域内的残留水分和杂质。
3）进行每项工作步骤之时、之前和之后应对作业组件仔细进行直观检查。例如，拆卸某一组件时，应检查由此松开的其他组件是否损坏。
4）在拔下和插上电池管理单元的绝缘监控导线时必须特别小心，因为在较细导线上存在高电压。拔下插头时必须注意，不要拉动导线。并注意插头是否正确锁止，如果未正确锁止，可能会无法识别绝缘故障。
5）工作中断时，应盖上拆下的壳体端盖并通过拧入几个螺栓防止无意中打开。
6）在高电压组件或连接件上或在其附近不要使用带有尖锐刃口或边缘的工具或物体。例如禁止使用螺钉旋具、侧面切刀、刀具等。允许使用装配楔（"鱼骨"）。在 12 V 车载网络导线束上，允许使用侧面切刀打开导线扎带。
7）不允许切开高电压导线上的扎线带。可以松开卡子或将高电压导线连同支架部件一起拆卸。
8）拆卸和安装电池模块时，松开螺栓和进行拆卸时必须注意，不要松开电池模块上的塑料盖板，因为下面装有导电电池接触系统。
9）如果高电压动力电池单元内部有杂质时，明确原因后应对相关部位进行仔细清洁，允许使用以下清洁剂：

① 酒精。

② 风窗玻璃清洗液。

③ 玻璃清洗液。

④ 蒸馏水。

⑤ 带塑料盖的吸尘器。

10）由于热交换器采用非常扁平的设计结构导致拆卸和安装时损坏风险较高，因此必须始终由两个人来拆卸和安装热交换器。进行热交换器操作时必须非常谨慎，因为热交换器损坏（弯曲、凹陷）时无法确保对电池模块进行冷却。这样会使车辆可达里程和功率明显下降。重新安装前，必须使用规定清洁剂清洁密封垫和密封面（排气单元、高电压插头、12V插头、热交换器接口）。

11）电解液的主要部分结合在固体阴极材料锂镍锰钴氧化物内和固体阳极材料石墨内。高电压动力电池单元内的自由电解液量非常小，出现泄漏情况时可能会释放电解液和溶剂蒸汽。接触皮肤或眼睛后需用大量清水进行冲洗并马上就医。发生火灾时主要会产生易燃气体、污浊气体和对健康有害的物质，例如一氧化碳、二氧化碳、氢气和碳氢化合物，切勿吸入！应供给充足新鲜空气。呼吸停止时，应进行人工呼吸并马上就医。发生火灾时，应通知消防部门，立即清理区域并保护事故地点。在不造成人员伤害的情况下进行灭火并使用相应灭火剂（例如水）。

12）穿戴好劳保用品。

警告：高压操作前，维修人员必须穿戴好劳保用品，戴好绝缘手套，穿好高压绝缘鞋。在戴绝缘手套前，必须要检查绝缘手套是否有破损的地方，确保手套无绝缘失效。

使用绝缘手套前，务必通过执行以下程序以检查它们是否有破裂、磨损或其他形式的损坏，如图2-1-13所示。确认密封良好后，佩戴绝缘手套。

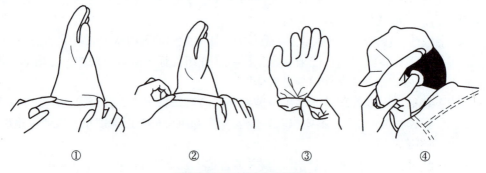

图2-1-13 检查绝缘手套

（3）北汽EV160动力电池总成拆卸

1）选用10mm扳手拧松蓄电池负极线固定螺栓，取下负极线，并对负极端子做好防护。

注意事项：

① 拆卸蓄电池负极前，必须确保点火开关处于关闭状态，并将车钥匙放在口袋。

② 必须等待15min后方可进行下一步操作。

③ 拆卸高压零部件前，必须做好防护措施。

④ 拆卸高压零件时，必须使用绝缘工具。

2）将车辆举升至合适的高度，如图 2-1-14 所示。

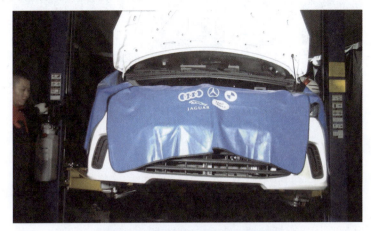

图 2-1-14　车辆举升至合适的高度

3）棘轮扳手、接杆、10mm 套筒拆卸护板固定 9 个螺栓，如图 2-1-15 所示。

图 2-1-15　拆卸护板固定螺栓

4）取出全部固定螺栓后取下护板，如图 2-1-16 所示。

图 2-1-16　取下护板

5）拆卸动力电池低压控制线束插接器，如图 2-1-17 所示。

图 2-1-17 拆卸动力电池低压控制线束插接器

6）拆卸动力电池高压线束插接器，如图 2-1-18 所示。

图 2-1-18 拆卸动力电池高压线束插接器

7）将动力电池举升支架推入车辆底部、动力电池正下方，如图 2-1-19 所示。

注意事项：

① 动力电池举升支架放置的位置，必须在动力电池正下方。

② 动力电池举升支架放置的位置，不能挡住需要拆卸的螺栓。

图 2-1-19 动力电池举升支架置于动力电池正下方

8）锁止动力电池举升支架滑动轮制动器，如图 2-1-20 所示。

注意事项：

为防止在拆卸动力电池时，动力电池举升支架随意滑移，必须踩下两个滑动轮制动器。

图 2-1-20　锁止动力电池举升支架滑动轮制动器

9）动力电池举升支架调至合适的高度，将动力电池托住，如图 2-1-21 所示。

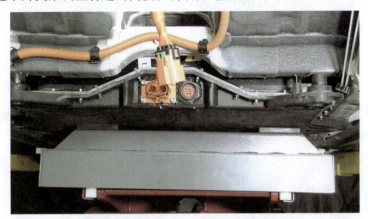

图 2-1-21　动力电池举升支架托住动力电池

10）选用棘轮扳手、接杆和 18mm 套筒，按顺序拆卸动力电池总成 10 个固定螺栓，如图 2-1-22 所示。

图 2-1-22　拆卸动力电池总成 10 个固定螺栓

11）降下动力电池举升支架与动力电池。

12）6S：

① 整理。
② 整顿。
③ 清扫。
④ 清洁。
⑤ 素养。
⑥ 安全。

（4）北汽 EV160 动力电池总成安装

1）将动力电池置于动力电池举升台架上，举升动力电池至合适的高度，如图 2-1-23 所示。

2）检查动力电池右后侧和左前侧定位销，是否安装到车辆下方的定位孔中，如图 2-1-24 所示。

图 2-1-23　举升动力电池至合适的高度

图 2-1-24　检查定位销是否到位

3）再次举升动力电池台架，使动力电池与车架贴合，如图 2-1-25 所示。

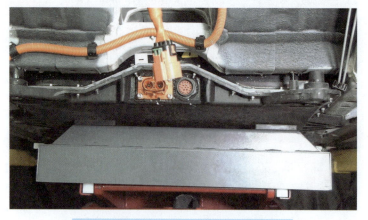

图 2-1-25　动力电池台架与动力电池贴合

4）对角旋入动力电池 10 个固定螺栓，如图 2-1-26 所示。

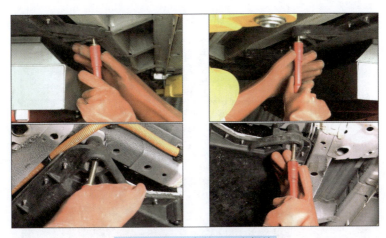

图 2-1-26 对角拧入固定螺栓

5）使用棘轮扳手、接杆、18mm 套筒按顺序紧固固定螺栓，如图 2-1-27 所示。
标准力矩：（95±5）N·m

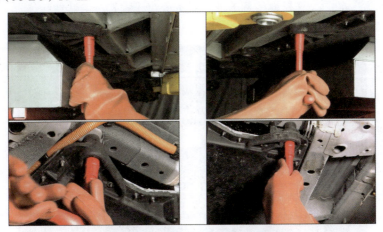

图 2-1-27 按规定顺序紧固固定螺栓

6）降下动力电池举升台架，并将其推离放回原位，如图 2-1-28 所示。

图 2-1-28 降下动力电池举升台架

7）安装动力电池高压线束插接器，并将高压线束互锁端口锁紧，如图 2-1-29 所示。

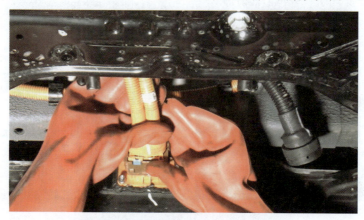

图 2-1-29　安装动力电池高压线束插接器

注意事项：

在维修新能源汽车中，所有黄色高压线都有高压互锁装置，需互锁到位。

8）检查动力电池高压线束是否插接到位，如图 2-1-30 所示。

图 2-1-30　检查动力电池高压线束是否插接到位

9）安装动力电池低压控制线束，如图 2-1-31 所示。

图 2-1-31　安装动力电池低压控制线束

10）旋紧动力电池低压控制线束插接器，如图 2-1-32 所示。

图 2-1-32　旋紧动力电池低压控制线束插接器

11）检查动力电池低压控制线束是否插接到位，如图 2-1-33 所示。

图 2-1-33　检查动力电池低压控制线束是否插接到位

12）将举升的车辆降至地面。
13）安装辅助蓄电池负极端子。
14）6S。
① 整理。
② 整顿。
③ 清扫。
④ 清洁。
⑤ 素养。
⑥ 安全。

四、任务考核

学习目标	考核题目（判断题每题 1 分，单选题每题 2 分）	得 分
知识目标	1　1）动力电池的作用类似于燃油车中的（　）。 　　A. 发动机　B. 变速器　C. 燃油箱　D. 以上都不对 2）对动力电池的诊断与测试前必须经过严格的培训才能对动力电池进行各项作业。（　） 3）动力电池的作用是接收和储存由车载充电机、发电机、制动能量回收装置或外置充电装置提供的电能，并且为驱动电动机和其他高压用电设备提供电能。（　）	
	2　1）市场上纯电动汽车和混合动力汽车采用的动力电池主要类型有锂电池、镍氢电池和铅酸蓄电池。（　）	
	3　1）北汽 E160EV 纯电动车型的动力电池采用磷酸铁锂电池，安装于（　）。 　　A. 发动机舱　B. 行李箱　C. 底盘　D. 后排座椅下方 2）锂离子电池主要由正极活性物质、负极活性物质、电解液以及隔板组成。（　） 3）电池输出的电能 E 等于从电池中所能取出的电量（电流 × 时间）Q 与电池电压 U 的乘积。（　）	
	4　1）只允许将动力电池及其组件存放在带有自动灭火装置的空间内。此外必须装有火灾探测器，从而确保即使不在工作时间内也能识别出失火情况。（　） 2）原则上允许将动力电池放在地面上、架子上和绝缘垫上。（　） 3）必须将损坏的高电压蓄能器临时存放在户外带有特殊标记的容器内至少（　）小时，之后才允许进行最终废弃处理。 　　A. 12　B. 24　C. 36　D. 48 4）动力电池损坏可以自行处理。（　）	
技能目标	1）使用绝缘手套前，不用检查是否破损。（　） 2）拆下蓄电池负极端子后，必须等待（　）min 后方可进行下一步操作。 　　A. 5　B. 10　C. 15　D. 20 3）在维修新能源汽车中，所有黄色高压线都有高压互锁装置，需互锁到位。需要检查高压线束插头是否安装到位。（　） 4）在选用维修工具时优先选用（　）。 　　A. 套筒　B. 梅花扳手　C. 开口扳手　D. 活动扳手	
总分：	分	
教师评语：		

任务二　动力电池分解与组装

学习目标

◎ **知识目标**

1. 能够描述动力电池组内部组成部件及功能。

2. 能够描述常见车型动力电池的参数与结构组成。

◎ **技能目标**

能够进行新能源汽车动力电池的分解与组装。

一、任务导入

一辆电动汽车因动力电池组损坏而无法运行,动力电池组总成需要分解进行单体检测。你的主管要求你对动力电池组进行分解与组装,你能完成这个任务吗?

二、获取信息

引导问题 1 动力电池组是由哪些部件组成的?

动力电池组主要由动力电池模组、电池管理系统、动力电池箱及辅助元器件等四部分组成。

图 2-2-1 为北汽新能源 EV 系列车型(E150)动力电池组主要组成部件和各部分的功能。

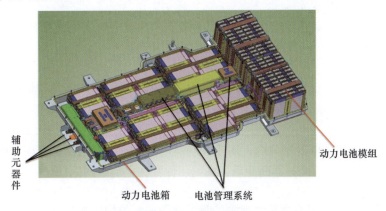

图 2-2-1　动力电池组主要组成部件

1. 动力电池模组

(1)电池单体

电池单体是构成动力电池模块的最小单元(电芯),一般由正极、负极、电解质及外壳等构成,可实现电能与化学能之间的直接转换。

(2)电池模块

电池模块是一组并联的电池单体的组合,该组合额定电压与电池单体的额定电压相等,是电池单体在物理结构和电路上连接起来的最小分组,可作为一个单元替换。

(3)电池模组

电池模组是由多个电池模块或电池单体串联组成的一个组合体。

2. 电池管理系统

(1)电池管理系统的作用

电池管理系统(BMS)是电池保护和管理的核心部件,在动力电池系统中,它的作用就相当于人的大脑。它不仅要保证电池安全可靠,而且要充分发挥电池的能力和延长使用寿命,作为电池与整车控制器、驾驶人沟通的桥梁,通过控制接触器控制动力电池组的充放电,并向整车控制器(VCU)上报动力电池系统的基本参数及故障信息。

(2)电池管理系统具备的功能

BMS 通过电压、电流及温度检测等功能实现对动力电池系统的过压、欠压、过流、过高温和过低温保护，继电器控制、SOC 估算、充放电管理、均衡控制、故障报警及处理、与其他控制器通信功能等功能；此外，电池管理系统还具有高压回路绝缘检测功能，以及为动力电池加热功能。

3. 动力电池箱

（1）动力电池箱的作用

动力电池箱是支撑、固定、包围电池系统的组件，主要包含上盖和下托盘，还有辅助元器件，如过渡件、护板、螺栓等，动力电池箱有承载及保护动力电池组及电气元件的作用。

（2）动力电池箱的技术要求

电池箱体螺接在车身地板下方，其防护等级为 IP67，螺栓拧紧力矩为 80~100N·m。整车维护时，需观察电池箱体螺栓是否松动，电池箱体是否破损、严重变形，密封法兰是否完整，确保动力电池可以正常工作。

（3）动力电池箱的外观要求

动力电池箱体外表面颜色要求为银灰或黑色亚光；电池箱体表面不得有划痕、尖角、毛刺、焊缝及残余油迹等外观缺陷，焊接处必须打磨圆滑。

4. 辅助元器件

辅助元器件主要包括动力电池系统内部的电子电器元件，如熔断器、继电器、分流器、插接件、紧急开关、烟雾传感器等，维修开关以及电子电器元件以外的辅助元器件，如密封条、绝缘材料等。

接触器位于线束和继电器模块内，用于控制高电压的通断。当接触器闭合时，高电压自电池组输出到车辆动力系统，接触器断开后，高电压保存在电池组内。

> **引导问题 2** 常见车型动力电池的参数有哪些？结构组成都一样吗？

1. 比亚迪动力电池的参数与结构组成

以比亚迪 e6 为例，动力电池组由 11 个动力电池模组，共 96 节电池单元组成。如图 2-2-2 所示，比亚迪 e6 采用了电池类型是磷酸铁锂（$LiFePO_4$），每个电池单元的单体电压约为 3.3V，利用 96 节电池单元串联后，可以形成约 316.8V 的总电压。

> **注意**：$LiFePO_4$（磷酸铁锂）电池的标称电压是 3.3V、终止充电电压是 3.6V、终止放电电压是 2.0V。

在 e6 的动力电池组总成中，可以分别对 11 个电池模组进行标记和命名，即从 A1-E 分别标记为 A1、A2、B1、B2、C1、C2、D1、D2、D3、D4 和 E，其中：

A1、A2、E——每个电池模组有 4 个电池单元串联。
B1、B2——每个电池模组有 10 个电池单元串联。
C1、C2——每个电池模组有 8 个电池单元串联。
D1、D2、D3、D4——每个电池模组有 12 个电池单元串联。

2. 荣威动力电池的参数与结构组成

以荣威 e50 为例，动力电池的参数见表 2-2-1。

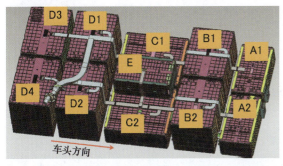

图 2-2-2 比亚迪 e6 动力电池组总成及电池模组位置

表 2-2-1 荣威 e50 电池组参数表

总能量	18kW·h
可用能量	16 kW·h
总容量	60A·h
防护等级	IP67
总电压范围	232.5~334.8V
单体电池电压范围	2.5～3.6V
单体电池容量	20A·h

e50 动力电池组内部主要部件如图 2-2-3 所示。

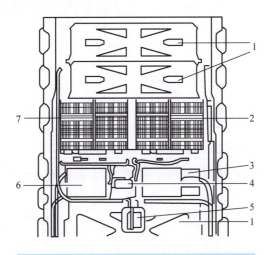

图 2-2-3　荣威 e50 动力电池组内部主要部件

1—高压电池组电池模块（27 串 3 并）　2—高压电池组电池模块（6 串 3 并）
3—高压电池组电池管理控制器与电池采集和均衡模块（6 串 3 并）　4—高压电池组电池检测模块　5—手动维修开关
6—高压电池组电池高压电力分配单元与电池采集和均衡模块（6 串 3 并）　7—高压电池组电池模块（6 串 3 并）

1）动力电池组电池模块。包含 5 个模块，其中 3 个大模块（27 串 3 并），2 个小模块（6 串 3 并）；共 93 个电池串联。

2）动力电池组电池管理控制器。汇总内部控制器采集的电池信息，通过一定的控制策略，向整车控制器提供电池运行状态的信息，响应整车高压回路通断命令，实现对电池的充放电和热管理。

3）动力电池组电池高压电力分配单元。通过不同高压继电器的通断，实现各个高压回路的通断。

4）动力电池组电池检测模块。实现电流检测和绝缘检测等功能。

5）动力电池组电池采集和均衡模块。实现电池电压和温度的采集，电池均衡功能；每个大模块由 2 个电池采集和均衡模块管理，每个小模块由 1 个电池采集和均衡模块管理。

6）其他：

① 高低压线束及插接件。

② 冷却系统附件，例如冷却板和冷却管路等。

③外壳。

三、任务实施

1. 实施要求

本任务主要包括荣威 e50 动力电池分解与组装操作：

1）动力电池分解。

2）动力电池组装。

2. 实施准备

1）防护装备：安全防护装备。

2）车辆、台架、总成：比亚迪纯电动汽车动力电池组；江淮纯电动汽车动力电池组。

3）专用工具、设备：动力电池分解专用工具；动力电池专用测试仪；绝缘拆装组合工具；装配楔。

4）手工工具：无。

5）辅助材料：警示标示和设备；绝缘地胶；清洁剂。

3. 实施步骤

本操作任务主要完成对纯电动汽车的动力电池组的分解与组装。

提示：

进行拆卸前准备和安全注意事项检查。

绝大多数车型动力电池的分解和组装必须由生产厂家或专业人员完成。以下仅以荣威 e50 为例介绍动力电池的分解与组装过程。

（1）分解前工位准备

1）保持工位洁净。

2）远离溢出液体。

3）工位上没有工具或其他物体。

4）建议使用独立空间从空间上与其他工位隔开，或使用隔离带进行空间隔离。

5）附近没有飞溅火花，否则应竖起相应隔板。

（2）分解

提示：分解电池模块或电池监控模块及元件前，必须打印元件位置图供参考，如图 2-2-4 所示。

图 2-2-4　荣威 e50 动力电池组

1）必须遵守安全规定并断开电池模块与壳体上所固定导线之间的高电压导线。

2）必须按照位置图使用防水笔对所有电池模块和电池监控电子装置进行编号。

3）松开相关电池模块上的螺栓并取下隔板。如有必要，可松开大范围的环形导线束，松开时可根据需要使用鱼骨。切勿使用带有尖锐棱边的物体。

4）拔下相关电池模块的高电压插头并稍稍弯向一侧，从而确保能够非常顺畅地抬出电池模块。

5）使用磁套筒头松开电池模块的螺母，小心抬出电池模块包括电池监控电子装置，为了便于操作可使用专用工具抬出，此时要注意电池模块之间的高电压导线能否顺畅通过。将电池模块底部向下以防滑防倒方式放在一个洁净平面上。

（3）组装

1）使用专用工具小心抬起电池模块包括电池监控电子装置，在此要注意相邻部件，特别是高电压导线。使用磁套筒头安装电池模块的螺母并按规定力矩拧紧。将导线束的插头与电池监控电子装置连接在一起。安装并固定拆下的隔板。插上相关电池模块的高电压插头。连接电池模块与壳体上所固定导线之间的高电压导线。

2）检查壳体下部件的密封面并清除可能存在的污物。在另一人的帮助下小心地放上壳体端盖。注意不要让尖锐棱边接触密封垫。

（4）安装后续检查及完善

1）使用专用测试仪进行最终测试。安装前，必须使用专用测试仪进行测试。安装适用于排气单元的检测适配器。连接用于压力接口、高电压插头和 12V 车载网络插头的检测接口。专用测试仪如图 2-2-5 所示。单元上的接口如图 2-2-6 所示。

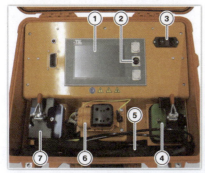 

图 2-2-5 荣威 e50 动力电池专用测试仪

1—用于操作的触摸屏 2—用于更新的 USB 接口 3—网络电缆和主开关接口 4—专用车型开关 5—连接电缆
6—高电压插头 7—专用车型开关 8—用于高电压测试的继电器盒 9—网络电缆

图 2-2-6 e50 动力电池单元上的接口

2）进行总测试。首先进行密封性测试，随后进行耐压强度、绝缘电阻和绝缘监控测试。

3）将动力电池单元安装在车上。在另一人的帮助下，使用总成升降台小心地使动力电池单元移回车辆下方。抬起动力电池单元时，必须注意锁止件和中间位置，而且不允许将总成升降台抬得过远。安装动力电池组上的固定螺栓，拧入电位补偿螺栓。

四、任务考核

学习目标		考核题目（判断题每题1分，单选题每题2分）	得 分
知识目标	1	1）动力电池组主要由动力电池模组、电池管理系统、动力电池箱及辅助元器件等四部分组成。（　　）	
		2）构成动力电池模块的最小单元是（　　）。一般由正极、负极、电解质及外壳等构成。可实现电能与化学能之间的直接转换。 A.电池模块　B.电池模组　C.电池单体　D.以上都不对	
		3）电池管理系统是电池保护和管理的核心部件，在动力电池系统中，它的作用就相当于人的（　　）。 A.大脑　B.心脏　C.肾　D.以上都不对	
	2	1）比亚迪e6，动力电池组有11个动力电池模组，共96节电池单元组成。（　　）	
		2）比亚迪e6采用的电池类型是（　　　　），每个电池单元的单体电压约为3.3V，利用96节电池单元串联后，可以形成约316.8V的总电压。（　　）	
		3）在e6的动力电池组总成中，可以分别对（　　）个电池模组进行标记和命名。 A.11　B.13　C.7　D.9	
技能目标		1）禁止未参加该车型高压系统知识培训的维修人员拆解新能源汽车的高压系统。（　　）	
		2）当拆解或装配动力电池时，不需要断开12V电源和动力电池上的手动维修开关。（　　）	
		3）断开蓄电池的负极之前，需要关闭点火开关，并等待5min以上。（　　）	
		4）动力电池通常采用水冷的方式冷却。（　　）	
总分：		分	
教师评语：			

任务三　动力电池性能检测

学习目标

◎ **知识目标**
1. 能够描述储能电池的主要性能指标。
2. 能够描述动力电池性能指标的含义及检测方法。

◎ **技能目标**
1. 能够进行动力电池电压的测量。
2. 能够进行动力电池及单个电池电压数据检测。

一、任务导入

一辆电动汽车因动力电池组损坏而无法运行，动力电池组总成需要分解进行单体检测。你的主管要求你进行测量动力电池相关的数据，你能完成这个任务吗？

二、获取信息

引导问题1 动力电池有哪些主要的性能指标？

1. 储能电池的主要性能指标

动力电池是一种储能电池，学习动力电池的性能指标，首先要了解储能电池的性能指标。

储能电池（以下简称"电池"）品种繁多，性能各异。常用以表征其性能的指标有电性能、机械性能、储存性能等，有时还包括使用性能和经济成本。电池的主要性能指标如下：

（1）电压

电压分电动势、端电压、开路电压、工作电压、额定电压和终止电压等。

1）电动势。电池的电动势又称电池标准电压或理论电压，为组成电池的两个电极的平衡电位之差。

2）端电压。电池的端电压是指电池正极与负极之间的电位差。

3）开路电压。电池的开路电压是无负荷情况下的电池端电压。开路电压不等于电池的电动势。必须指出，电池的电动势是从热力学函数计算而得到的，而电池的开路电压则是实际测量出来的。

4）工作电压。电池在某负载下实际的放电电压，通常是指一个电压范围。例如，铅酸蓄电池的工作电压为1.8~2V；镍氢电池的工作电压为1.1~1.5V；锂离子电池的工作电压为2.75~3.6V。

5）额定电压。指该电化学体系的电池工作时公认的标准电压。例如，锌锰干电池为1.5V，镍镉电池为1.2V，铅酸蓄电池为2V。

6）终止电压。指放电终止时的电压值，根据放电电流大小、放电时间、负载和使用要求的不同而不同。以铅酸蓄电池为例：电动势为2.1V，额定电压为2V，开路电压接近2.1V，工作电压为1.8~2V，放电终止电压为1.5~1.8V。放电终止电压根据放电率的不同，其终止电压也不同。

7）充电电压。指外电源的直流电压对电池充电的电压。一般的充电电压要大于电池的开路电压，通常在一定的范围内。例如，镍镉电池的充电电压为1.45~1.5V；锂离子电池的充电电压为4.1~4.2V；铅酸蓄电池的充电电压为2.25~2.7V。

8）电压效率。指电池的工作电压与电池电动势的比值。电池放电时，由于存在电化学极化、浓差极化和欧姆压降，使电池的工作电压小于电动势。改进电极结构（包括真实表面积、孔率、孔径分布、活性物质粒子的大小等）和加入添加剂（包括导电物质、膨胀剂、催化剂、疏水剂、掺杂等）是提高电池电压效率的两个重要途径。

（2）内阻

内阻是指电池在工作时，电流流过电池内部所受到的阻力，电池在短时间内的稳态模型可以看作一个电压源，其内部阻抗等效为电压源的内阻，内阻大小决定了电池的使用效率。电池包括欧姆内阻和极化内阻，极化内阻又包括电化学极化内阻和浓差极化内阻。例如，铅酸蓄电池的内阻包括正负极板的电阻、电解液的电阻、隔板的电阻和连接体的电阻等。

(3) 容量和比容量

1) 容量。指电池在充足电以后，在一定的放电条件下所能释放出的电量，以符号 C 表示，其单位为安时(A·h)或毫安时(mA·h)，容量与放电电流大小有关，与充放电截止电压也有关系。电池的容量可分为理论容量、额定容量、实际容量和标称容量。

① 理论容量。假设电极活性物质全部参加电池的电化学反应所能提供的电量，是根据法拉第定律计算得到的最高理论值。

② 额定容量。额定容量也称保证容量，是指设计和制造电池时，按照国家或相关部门颁布的标准，保证电池在一定的放电条件下能够释放出的最低限度的电量。

③ 实际容量。实际容量是指电池在一定的放电条件下实际放出的电量。它等于放电电流与放电时间的乘积，对于实用中的化学电源，其实际容量总是低于理论容量而通常比额定容量大10%~20%。电池容量的大小，与正、负极上活性物质的数量和活性有关，也与电池的结构和制造工艺、电池的放电条件(电流、温度)有关。影响电池容量因素的综合指标是活性物质的利用率。换言之，活性物质利用得越充分，电池给出的容量也就越高。采用薄型电极和多孔电极，以及减小电池内阻，均可提高活性物质的利用率，从而提高电池实际输出的容量。

④ 标称容量。标称容量(或公称容量)是在指定放电条件时，以 $0.2C$ 放电时的放电容量。

2) 比容量。比容量是指单位质量或单位体积的电池所能释放出的电量，相应地称为质量比容量或体积比容量。

电池在工作时通过正极和负极的电量总是相等的。但是，在实际电池的设计和制造中，正、负极的容量一般不相等，电池的容量受容量较小的电极的限制。实际电池中多为正极容量限制整个电池的容量，而负极容量过剩。

(4) 效率

电池作为能量存储器，充电时把电能转化为化学能储存起来，放电时把电能释放出来。在这个可逆的电化学转换过程中，会有一定的能量损耗。通常用电池的容量效率和能量效率来表示。

对于电动汽车，续驶里程是最重要指标之一，在电池组电量和输出阻抗一定的前提下，根据能量守恒定律，电池组输出的能量转化为两部分：一部分作为热耗散失在电阻上；另一部分提供给电动机控制器转化为有效动力。两部分能量的比率取决于电池组输出阻抗和电动机控制器的等效输入阻抗之比，电池组的阻抗越小，无用的热耗就越小，输出效率就更大。

1) 容量效率。容量效率是指电池放电时输出的容量与充电时输入的容量之比。影响电池容量效率的主要因素是副反应。当电池充电时，有一部分电量消耗在水的分解上。此外，自放电、电极活性物质的脱落、结块、孔率收缩等也降低容量输出。

2) 能量效率。能量效率也称电能效率，是指电池放电时输出的能量与充电时输入的能量之比，影响能量效率的原因是电池存在内阻，它使电池充电电压增加，放电电压下降。内阻的能量损耗以电池发热的形式损耗掉。

(5) 能量

电池的能量是指在一定放电条件下，电池所能输出的电能，通常用瓦时(W·h)表示。电池的能量反映了电池做功能力的大小，也是电池放电过程中能量转换的量度。对于电动汽车来说，电池的能量大小直接影响电动汽车的行驶距离。

1) 理论能量。假设电池在放电过程中始终处于平衡状态，其放电电压保持电动势的数值，而且活性物质的利用率为100%，即放电容量等于理论容量，则在此条件下电池所输出的能量为理论能量,也就是可逆电池在恒温、恒压下所做的最大功。

2)实际能量。实际能量是电池放电时实际输出的能量。它在数值上等于电池实际容量与电池平均工作电压的乘积。

3)比能量。比能量分为质量比能量和体积比能量。

质量比能量是指单位质量电池所能输出的能量,也称质量能量密度,单位常用 W·h/kg。

体积比能量是指单位体积电池所能输出的能量,也称体积能量密度,单位常用 W·h/L,常用比能量来比较不同的电池系列。

比能量也分为理论比能量和实际比能量。

① 理论比能量。指 1kg 电池反应物质完全放电时理论上所能输出的能量。根据正、负极活性物质的理论质量比容量和电池的电动势,电池的理论质量比能量可以直接计算出来。如果电解液参加电池的反应,还需要加上电解质的理论用量。理论比能量只考虑了按照电池反应式进行的完全可逆的电池反应条件下的比能量,因此是一种理想化的模型。对于实际应用的电池,实际比容量更有意义。因为电池反应不可能达到完全可逆的充放电和能量状态,而且实际电池中很多必要辅助材料占据了电池的质量和体积。

② 实际比能量。指质量 1kg 的电池在放电过程中实际输出的能量,表示为电池实际输出能量与整个电池质量之比,由于各种因素的影响,电池的实际比能量远小于理论比能量。

电池的比能量是综合性指标,它反映了电池的质量水平。电池的比能量影响电动汽车的整车质量和续驶里程,是评价电动汽车的动力电池是否满足预定的续驶里程的重要指标。

(6)功率与比功率

电池的功率是指电池在一定放电条件下,单位时间内输出的能量,单位为 W 或 kW。

单位质量或单位体积电池输出的功率称为比功率,单位为 W/kg 或 W/L。如果电池的比功率较大,则表明在单位时间内,单位质量或单位体积中给出的能量较多,即表示此电池能用较大的电流放电。因此,电池的比功率也是评价电池性能优劣的重要指标之一。

对于纯电动汽车,其电能储存装置应具有尽可能大的比能量,以保证汽车的续驶里程。对于混合动力汽车,其电能储存装置则应具有尽可能大的比功率,以保证汽车的动力性。不同储能器的比能量和比功率比较见表 2-3-1。

表 2-3-1 不同储能器的比能量和比功率比较

电池种类	比能量/(W·h/kg)	比功率/(W/kg)
铅酸蓄电池	30~40	300~500
镍氢电池	40~50	500~800
锂离子电池	60~70	500~1500
锂聚合物电池	50	600~1100
飞轮储能器	1~5	50~300
超级电容器	2~8	400~4500

(7)放电电流和放电深度

放电电流大小或放电条件,通常用放电率表示,是电池容量或能量的技术参数。

1)放电率。指放电时的速率,常用"时率"和"倍率"表示。时率是指以放电时间(h)表示的放电速率,即以一定的放电电流放完额定容量所需的时间。倍率,指电池在规定时间内放出额定容量所输出的电流值,数值上等于额定容量的倍数。例如 2"倍率"放电,表示放电电流数值为额定容量的 2 倍,若电池容量为 3A·h,那么放电电流应为 2×3=6A,这就是 2"倍率"

放电。

2）放电深度。表示放电程度的一种量度，为放电容量与总放电容量的百分比，简称DOD（Depth of Discharge）。放电深度的高低与二次电池的充电寿命有很深的关系，二次电池的放电深度越深，其充电寿命就越短，因此在使用时应尽量避免深度放电。

（8）荷电状态

荷电状态（stage-of-charge）是指蓄电池放电后剩余容量与全荷电容量的百分比，称荷电程度。荷电状态是人们在使用电动汽车时最关心的、也是最不易获得的参数数据，因为荷电程度是非线性变化的。

（9）储存性能和自放电

对于所有化学电源，即使在与外电路没有接触的条件下开路放置，容量也会自然衰减，这种现象称为自放电，也称荷电保持能力。

电池自放电的大小，用自放电率来衡量，一般用单位时间内容量减少的百分比表示：

$$自放电率 = \frac{储存前电池容量 - 储存后电池容量}{储存前电池容量} \times 100\%$$

电池的自放电主要是由电极材料、制造工艺、储存条件等多方面因素决定的。从热力学的角度来看，电池的放电过程是体系自由能减少的过程，因此自放电的发生是必然的，只是速率有差别。影响自放电率的因素主要是电池储存的温度和湿度条件等。温度升高会使电池内正负极材料的反应活性提高，同时电解液的离子传导速度加快，镉等辅助材料的强度降低，使自放电反应速率大大提高。如果温度太高，就会严重破坏电池内的化学平衡，发生不可逆反应，最终会严重损害电池的整体性能。湿度的影响与温度条件相似，环境湿度太大也会加快自放电反应。一般来说，低温和低湿的环境条件下，电池的自放电率低，有利于电池的储存。但是温度太低也可能造成电极材料的不可逆变化，使电池的整体性能大大降低。

电池的储存性能是指电池在一定条件下储存一定时间后主要性能参数的变化，包括容量的下降、外观情况和有无变形或渗液情况。国家标准均有电池的容量下降和外观变化及漏液比例的限制。

（10）寿命

电池的寿命分为储存寿命和使用寿命。

储存寿命有"干储存寿命"和"湿储存寿命"两个概念。对于在使用时才加入电解液的电池储存寿命，习惯上也称为干储存寿命。干储存寿命可以很长。而对于出厂前已加入电解液的电池储存寿命，习惯上称为湿储存寿命。湿储存时自放电严重，寿命较短。

使用寿命是指电池实际使用的时间长短。对一次电池而言，电池的寿命是表征给出额定容量的工作时间（与放电倍率大小有关）。对二次电池而言，电池的寿命分充放电循环寿命和湿搁置使用寿命两种。

充放电循环寿命是衡量二次电池性能的一个重要参数。在一定的充放电制度下，电池容量降至某一规定值之前，电池能耐受的充放电次数，称为二次电池的充放电循环寿命。充放电循环寿命越长，电池的性能越好。在目前常用的二次电池中，镍镉电池的充放电循环寿命500~800次，铅酸电池200~500次，锂离子电池600~1000次，锌银电池很短，只有100次左右。

二次电池的充放电循环寿命与放电深度、温度、充放电制式等条件有关。减少放电深度（浅放电），二次电池的充放电循环寿命可以大大延长。

2. 动力电池性能指标

动力电池作为测试对象的形式有单体和电池组两种形式。单体是电池最基本的单元,又称单元电池,是构成车用动力电池的基础。单元电池的电压和能量都十分有限,使用过程中一般都是以串并联的形式成组地提升输出电压和功率。为了方便电池的安装运输和使用,一般将若干个单元电池以串并联的方式构成动力电池组。动力电池组装在具有一定尺寸和接口的电池盒内,再配以电池管理系统后,在电动车辆上安装和使用。

除了传统的铅酸电池外,镍氢电池、锂离子电池等车用动力电池,根据各自技术原理有不同的特性,各种电池在比容量、充放电次数、技术成熟度性能上有差别。

典型电池的性能指标参数值见表 2-3-2。

表 2-3-2 电池性能指标参数表

电池类型	单体电压 /V	比容量 /(A·h/kg)	循环次数	技术成熟度	成本
铅酸电池	2.0	50	500	成熟	低
镍氢电池	1.2	80	2000	较成熟	较低
锂离子电池(磷酸铁锂)	3.2	150	2000	较成熟	较高

铅酸电池技术最成熟价格较低,但比容量较低且循环寿命较短;镍氢电池循环寿命较长技术较为成熟,但单体电压较低;锂离子电池单元电压较高,循环寿命和比容量也相当可观,但成本相对比较高。目前锂离子电池在电动汽车动力电池的应用上拥有更广阔的前景,目前市场上应用较多的电池正极材料有磷酸铁锂、锰酸锂和三元材料,目前还有关于钛酸锂作为负极电极材料电池的研究。

电动汽车用动力电池的主要性能指标包括电压、内阻、容量和比容量、能量以及效率等。要使电动汽车能与传统的燃油汽车相竞争,关键就是要开发出比能量高、比功率大、使用寿命长的高效电池。目前针对评价动力电池性能已经有了较为完善的法规和测试方法。总结下来,可从电池基本性能、循环性能(使用寿命)和安全性能来对电池的好坏进行评价(表 2-3-3)。

表 2-3-3 动力电池常见性能评价

性能	单体	模块	包/系统
基本性能	一致性(容量、能量、内阻、功率)		
	绝热量热测试(ARC)分析,Cp 测试	不同温度、倍率下的充放电性能	BMS 功能测试,不同温度、倍率下充放电性能,高低温启动、能量效率
循环性能	常规寿命(考虑因素:充放电电流、工作 SOC 区间)		
	日历寿命(电池质保期)	模拟工况寿命	实际工况寿命(FUDS 工况、USO6 工况、MVEC 工况、NEDC 工况)
安全性能	电可靠性、机械可靠性、环境可靠性		
	过放电、过充电、短路、跌落、挤压、针刺、海水浸泡、加热、温度冲击		EMC、短路保护、过充电保护、过放电保护、不均衡充电、模拟碰撞、挤压、机械冲击、跌落、振动、翻转、外部火烧、结露、冷热循环、砂尘、淋雨、浸水、盐雾、过温

在基本性能的评价上,通过测试电池的容量、内阻和输出功率来评定电池的基本性能。由于测试的对象是用在汽车上的动力电池,因此测试会包括动力电池的单个电池,即单元(单体)检测,也会有针对串并联的电池模组进行检测。

在循环性能测试上，主要测试的是整个动力电池的常规使用寿命，考虑的因素有充放电电流和工作的 SOC 范围。

安全性能是动力电池运用在汽车上非常重要的一个指标，结合车辆的运行工况，会测试动力电池的电可靠性等因素。

此外，除了对动力电池本身的检测外，在国家和行业标准中，还有对动力电池管理系统的性能、试验方法、检验规则和标识运输及存储要求。

> **引导问题 2** 动力电池的性能如何检测？

常用的动力电池性能指标的检测方法，包括荷电状态（SOC）、内阻、容量、循环寿命、一致性等检测方法。

1. 荷电状态检测

电池的荷电状态被用来反映电池的剩余容量状况，这是目前国内外比较统一的认识，其数值上定义为电池剩余容量占电池容量的比值。

荷电状态是动力电池重要的技术参数，只有准确地知道电池的荷电状态，才能更好地使用电池。因为电池组的 SOC 和很多因素相关且具有很强的非线性，从而给 SOC 实时在线估算带来很大的困难，还没有一种方法能十分准确地测量电池的荷电状态。目前主要的测量方法有：开路电压法、安时积分法、内阻法等。

（1）开路电压法

利用电池的开路电压与电池的 SOC 的对应关系，通过测量电池的开路电压来估计 SOC。开路电压法比较简单，但是开路电压法适用于测试稳定状态下的电池 SOC，不能用于动态的电池 SOC 估算。

（2）安时积分法

安时积分法是通过负载电流的积分估算 SOC，该方法实时测量充入电池和从电池放出的电量，从而能够给出电池任意时刻的剩余电量。实现起来较简单，受电池本身情况的限制小，宜于发挥实时监测的优点简单易用、算法稳定，成为目前电动汽车上使用最多的 SOC 估算方法，如图 2-3-1 所示。

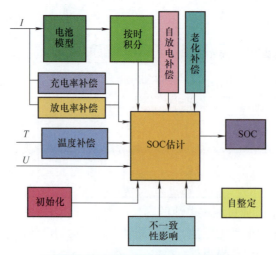

图 2-3-1 安时积分法常规估算模型

（3）内阻法

电池的 SOC 与电池的内阻有一定的联系，可以利用电池内阻与 SOC 的关系来预测电池的荷电状态。图 2-3-2 是电池内阻测试仪。

2. 内阻检测

内阻是电池最为重要的特性参数之一，绝大部分老化的电池都是因为内阻过大而造成无法继续使用。通常电池的内阻阻

图 2-3-2　电池内阻测试仪

值很小，一般用毫欧（mΩ）来度量它。不同电池的内阻不同，型号相同的电池由于电池内部的电化学性能不一致所以内阻也会不同。对于电动汽车动力电池而言，电池的放电倍率很大，在设计和使用过程中尽量减小电池的内阻，确保电池能够发挥其最大功率特性。

锂离子电池的内阻不是固定不变的，在使用过程中主要受荷电状态和温度等因素的影响而变化的。

内阻测量是一个比较复杂的过程。目前内阻测量主要有两种方法，即直流放电法和交流阻抗法。

（1）直流放电法

直流放电法是对蓄电池进行瞬间大电流放电（一般为几十到上百安培），然后测量电池两端的瞬间压降，再通过欧姆定律计算出电池内阻。该方法比较符合电池工作的实际工况，简单易于实现，在实践中得到了广泛的应用。但该方法的缺点是必须在静态或脱机的情况下进行，无法实现在线测量。图 2-3-3 是直流放电测试仪。直流放电测试仪一般会有电阻和散热装置。

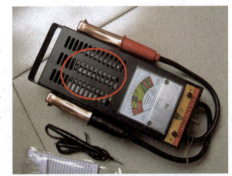

图 2-3-3　直流放电测试仪

（2）交流阻抗法

交流阻抗法是一种以小幅值的正弦波电流或者电压信号作为激励源，注入蓄电池，通过测定其响应信号来推算电池内阻。该方法的优点在于用交流法测量时间较短，不会因大电流放电对电池本身造成太大的损害。

3. 容量检测

电池容量是指在一定条件下（包括放电率、环境温度、终止电压等），供给电池或者电池放出的电量，即电池存储电量的大小，是电池另一个重要的性能指标。容量通常以安·时（A·h）或者瓦·时（W·h）表示。A·h 容量是国内外标准中通用容量表示方法，延续电动汽车电池中概念，表示一定电流下电池的放电能力，常用于电动汽车电池。图 2-3-4 是电池容量测试仪与测试。

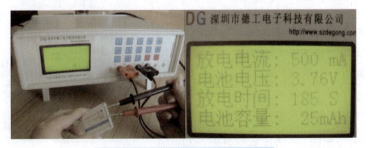

图 2-3-4　电池容量测试仪与测试

电池容量测试的标准流程：放电阶段→搁置阶段→充电阶段→搁置阶段→放电阶段。具体说来，用专用的电池充放电设备，在特定温度条件下，蓄电池以设定好的电流进行放电，至蓄电池电压达到技术规范或产品说明书中规定的放电终止电压时停止放电，静置一段时间，然后再进行充电。

充电一般分为两个阶段，先以固定电流恒流充电，至蓄电池电压达到技术规范或产品说明书中规定的充电终止电压时转恒压充电，此时充电电流逐渐减小，至充电电流降至某一值时停止充电，充电后静置一段时间。在设定好的环境下以固定的电流进行放电，直到放电终止电压为止，用电流值对放电时间进行积分计算出容量（以 A·h 计）。

4. 寿命检测

电池在使用过程中的容量会逐渐损失，导致锂离子电池容量损失的原因很多，有材料方面的原因，也有生产工艺方面的因素。一般认为，当旧的蓄电池只能充满原有电容量 80% 的时候，就不再适合继续在电动汽车上使用，可以进行梯次利用、回收、拆解和再生。

电池的寿命有循环寿命和日历寿命之分，其中应用最多的是循环寿命。

常规的循环寿命测试方法基本上就是容量测试充放电过程的循环：典型的方法是将蓄电池充满电，在特定温度和电流下放电，直到放电容量达到某一预先设定的数值，如此连续重复若干次。再将电池充满电，将电池放电到放电截止电压后检查其容量。如果蓄电池容量小于额定容量的 80% 终止试验，充放电循环在规定条件下重复的次数为循环寿命。

上述这种静态测试方法可以检测出同批次或不同批次动力电池的性能，却无法反映动力电池应用于电动汽车时的性能表现及使用时间。随着不同种类电动汽车动力系统构型、车辆行驶工况和所处气候条件的差异，导致在实际使用过程中动力电池的工作环境有显著差别。

5. 一致性检测

电池容量分为单元电池的容量和电池组的容量，在现有的动力电池技术水平下，电动汽车必须使用多块电池构成的电池组来满足使用要求。由于同一类型、同一规格、同一型号电池间在开路电压、内阻、容量等方面的参数值存在差别，即电池性能存在不一致性，使动力电池组在电动汽车上使用时，性能指标往往达不到单体电池原有水平，使用寿命缩短，严重影响其在电动汽车上的应用，有必要对电池组的一致性进行测试与评价。

电池开路电压间接地反映了电池的某些性能，保证电池开路电压的一致，是保证性能一致的一个重要方面。一般采用的方法是将电池静置数十天，测其满电荷电状态下贮存的自放电率以及满电状态下不同贮存期内电池的开路电压，通过观察自放电率和电压是否一致来对电池的一致性进行评价。根据静态电压配组的方法最简单，但准确度较差，仅考虑带负载时电压的情况，未考虑带电荷时间和输出容量等参数，往往需要结合其他方法一起使用。

容量是体现电池性能的一个重要参数。可按标准的容量测试流程计算容量，再根据容量及分布对一致性进行评价。这种方法具有操作简单、设备便宜、厂家易于实施等特点，但工作状态和使用环境不同，都会引起电池电压、容量特性的变化，在指定条件下的容量一致，并不能保证电池在实际充放电过程中保持一致。图 2-3-5 为电池容量分容柜。

图 2-3-5　电池容量分容柜

如前文所述,电池的内阻可以快速地测量,因此被广泛用于评价电池的一致性。但准确地测量内阻数值还有较大的难度,在目前仅能作为定性参考,很难作为定量、精确的依据。

三、任务实施

1. 实施要求

本任务主要包括两项操作内容:

1)测量动力电池母线正负输出端电压。
2)动力电池高压线缆正负端电流。

测量动力电池高压线缆正负端电流

如何测量动力电池母线正负输出电压

2. 实施准备

1)防护装备:安全防护装备。
2)车辆、台架、总成:北汽新能源 EV160 整车或动力电池台架。
3)专用工具、设备:电压表;故障检测仪。
4)手工工具:无。
5)辅助材料:警示标示和设备;绝缘地胶;清洁剂。

3. 实施步骤

1)安装车外前格栅防护套、左右翼子板防护,如图 2-3-6 所示。

图 2-3-6　安装车外前格栅防护套、左右翼子板防护

2)选用 10mm 扳手拧松蓄电池负极线固定螺栓,取下负极线,并对负极端子做好防护,如图 2-3-7 所示。

图 2-3-7　拆卸辅助电池负极端子

注意事项:

① 拆卸蓄电池负极前,必须确保点火开关处于关闭状态,并将车钥匙放在口袋。
② 必须等待 15min 后方可进行下一步操作。

3）使用绝缘工具（选用棘轮扳手、接杆、T30套筒）拆卸接头固定螺栓，并取出线缆，如图 2-3-8 所示。

图 2-3-8　拆卸接头固定螺栓

注意事项：

① 拆卸前，必须拆卸蓄电池负极，并等待 15min。

② 拆卸高压零部件前，必须做好防护措施。

③ 拆卸高压零件时，必须使用绝缘工具。

4）测量动力电池电源线束电压。

① 打开万用表，并使用直流电压档测量，红色表接触笔接动力电池电源线束（＋），黑色表接触笔接动力电池电源线束（－），如图 2-3-9 所示。

图 2-3-9　测量动力电池电源线束电压

② 观察万用表的读数，确定电池组高压线束端口是否存在高电压，如图 2-3-10 所示。

图 2-3-10　万用表读数

③ 测量结束，关闭万用表。

5）安装动力电池母线线缆。

① 安装线缆到PDU，并带上固定螺栓，如图2-3-11所示。

② 使用绝缘工具（选用棘轮扳手、接杆、T30套筒）紧固接头固定螺栓，如图2-3-12所示。标准力矩：10N·m。

图2-3-11　安装线缆到PDU

图2-3-12　紧固接头固定螺栓

6）清除防护胶带，如图2-3-13所示。

图2-3-13　清除防护胶带

7）安装辅助蓄电池负极端子，如图2-3-14所示。

图2-3-14　安装辅助蓄电池负极端子

8）6S。
① 整理。
② 整顿。
③ 清扫。
④ 清洁。
⑤ 素养。
⑥ 安全。

四、任务考核

学习目标		考核题目（判断题每题1分，选择题每题2分）	得　分
知识目标	1	1）储能电池是动力电池的一种，学习动力电池的性能指标，首先要了解储能电池的性能指标。（　）	
		2）(多选) 属于储能电池主要性能指标的是（　）： A.电压　　B.内阻　　C.效率　　D.以上都对	
		3）对于所有化学电源，即使在与外电路没有接触的条件下开路放置，容量也会自然衰减，这种现象称为自放电，也称荷电保持能力。（　）	
	2	1）电动汽车用动力电池的主要性能指标包括电压、内阻、容量和比容量、能量以及效率等。（　）	
		2）动力电池作为测试对象的形式有单体和电池组两种形式。单体是电池最基本的单元，又称单元电池，是构成车用动力电池的基础。（　）	
		3）在基本性能的评价上，测试的是整个动力电池的常规使用寿命，考虑的因素有充放电电流和工作的SOC范围。（　）	
		4）常用的动力电池性能指标的检测方法，包括：荷电状态（SOC）、内阻、容量、循环寿命、一致性等检测方法。（　）	
技能目标		1）打开前舱盖，需要安装防护三件套，对车辆的漆面进行保护。（　）	
		2）拆卸蓄电池负极前，点火开关可以在任意位置。（　）	
		3）测量动力电池电源线束的电压，通常用万用表的交流电压档测量。（　）	
		4）在安装动力电池母线上的固定螺栓时，要使用绝缘工具进行安装。（　）	

总分：　　　分

教师评语：

项目三 新能源汽车动力电池管理系统

项目描述

动力电池的能量储存与输出都需要通过模块来进行管理，即动力电池能量管理模块，也称为动力电池管理系统，或动力电池能量管理系统。进行动力电池管理系统维修，必须了解动力电池的管理系统内部组成部件，理解动力电池为何要进行平衡管理和热管理，掌握动力电池的安全管理与数据通信。

本项目主要介绍进行新能源汽车动力电池管理系统的结构原理和检测方法。

本项目包括以下2个任务：

任务一　动力电池管理系统认知与更换。

任务二　动力电池管理系统检测。

通过以上2个任务的学习，你将掌握新能源汽车动力电池管理系统的结构原理，会正确进行动力电池管理系统的更换与检测。

任务一　动力电池管理系统认知与更换

学习目标

◎ 知识目标

1. 能够描述动力电池管理系统的功能。
2. 能够描述动力电池管理系统的结构组成。

◎ 技能目标

能够进行动力电池管理系统的更换。

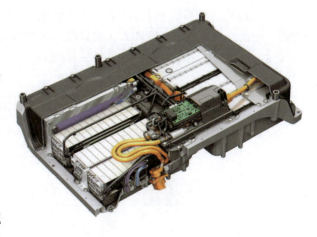

一、任务导入

一辆纯电动汽车的动力电池管理系统损坏，需要进行更换。你能够完成这项任务吗？

二、获取信息

引导问题 1 动力电池管理系统的功能是什么？

1. 什么是动力电池管理系统

动力电池的能量储存与输出都需要模块来进行管理，即动力电池能量管理模块，也称为动力电池管理系统或动力电池能量管理系统，简称 BMS。图 3-1-1 是北汽新能源电动汽车电池管理系统。

图 3-1-1 北汽新能源电动汽车电池管理系统

2. 动力电池管理系统的功能

BMS 通过电压、电流及温度检测等功能，实现对动力电池系统的过压、欠压、过流、过高温和过低温保护，以及继电器控制、SOC 估算、充放电管理、加热或保温、均衡控制、故障报警及处理、与其他控制器通信功能等功能。此外电池管理系统还具有高压回路绝缘检测功能，以及为动力电池系统加热功能。

动力电池管理系统主控制功能要包括数据采集、电池状态计算、能量管理、安全管理、热管理、均衡控制、通信功能和人机接口等。控制方式如图 3-1-2 所示。

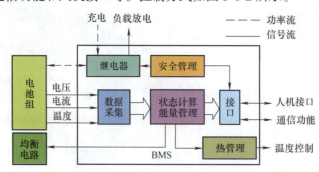

图 3-1-2 电池管理系统控制方式

1）数据采集。电池管理系统的所有算法都是以采集的动力电池数据作为输入，采样速率、精度和前置滤波特性是影响电池系统性能的重要指标。电动汽车电池管理系统的采样速率一般要求大于 200Hz（50ms）。

2）电池状态计算。电池状态计算包括电池组荷电状态（SOC）和电池组健康状态（SOH）。SOC 用来提示动力电池组剩余电量，是计算和估计电动汽车续驶里程的基础。SOH 用来提示电池技术状态，预计可用寿命等健康状态的参数。

3）能量管理。主要包括以电流、电压、温度、SOC 和 SOH 为输入进行充电过程控制，以 SOC、SOH 和温度等参数为条件进行放电功率控制。

4）安全管理。监视电池电压、电流、温度是否超过正常范围，防止电池组过充、过放。现在，在对电池组进行整组监控时，多数电池管理系统已经发展到对极端单体电池进行过充电、过放电、过热等安全状态管理。

5）热管理。在电池工作温度超高时进行冷却，低于适宜工作温度下限时进行电池加热，使电池处于适宜的工作温度范围内，并在电池工作过程中总保持电池单体间温度均衡，如图 3-1-3 所示。对于大功率放电和高温条件下使用的电池，电池的热管理尤为必要。

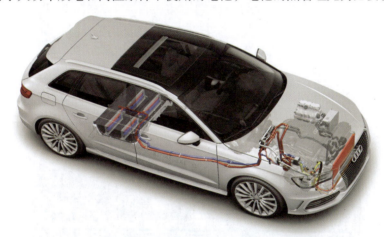

图 3-1-3　奥迪 A3 Sportback e-tron 动力电池热管理系统

6）均衡控制。由于电池的一致性差异，电池组的工作状态是由最差的单体电池决定的。在电池组各个电池之间设置均衡电路，实施均衡控制是为了使各单体电池充放电的工作情况尽量一致，提高整体电池组的工作性能。

7）通信功能。通过电池管理系统实现电池参数和信息与车载设备或非车载设备的通信，为充放电控制、整车控制提供数据依据是电池管理系统的重要功能之一，根据应用需要，数据交换可采用不同的通信接口，如模拟信号、PWM 信号、CAN 总线或 I2C 串行接口。

8）人机接口。根据设计的需要设置显示信息以及控制按键、旋钮等。电池管理系统的主要工作原理可简单归纳为，数据采集电路采集电池状态信息数据后，由 ECU 进行数据处理和分析，然后电池管理系统根据分析结果对系统内的相关功能模块发出控制指令，并向外界传递参数信息。

> **引导问题 2**　动力电池管理系统由哪些部分组成？每一部分的功能是什么？

动力电池管理系统（BMS）的组成可以分为硬件和软件。硬件包括主板、丛板及高压盒，还包括采集电压线、电流、温度等数据的电子器件；软件用于监测电池的电压、电流、SOC 值、绝缘电阻值、温度值，通过与 VCU、充电机的通信，来控制动力电池系统的充放电。以北汽新能源汽车为例，BMS 结构原理如图 3-1-4 所示，位置如图 3-1-5 所示。动力电池模组放置在一个密封并且屏蔽的动力电池箱里面，动力电池系统使用可靠的高低压插接件与整车进行连接。系统内的 BMS 实时采集各电芯的电压值、各温度传感器的温度值、电池系统的总电压值和总电流值，电池系统的绝缘电阻值等数据，并根据 BMS 中设定的阀值判定电池系统工作是否正常，并对故障实时监控。动力电池系统通过 BMS 使用 CAN 与 VCU 或充电机之间进行通信，对动力电池系统进行充放电等综合管理。

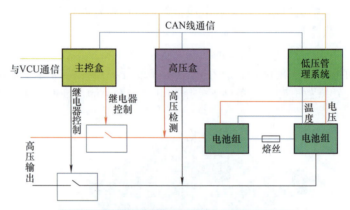

图 3-1-4　北汽新能源汽车 BMS 结构原理图

图 3-1-5　北汽新能源汽车 BMS 位置图

以下介绍 BMS 主要组成部分的功能。

1. 主控盒

如图 3-1-6 所示，主控盒是一个连接外部通信和内部通信的平台，主要功能如下：

1）接收电池管理系统反馈的实时温度和单体电压（并计算最大值和最小值）。

2）接收高压盒反馈的总电压和电流情况。

3）与整车控制器的通信。

4）与充电机或快充桩通信。

图 3-1-6　北汽新能源 BMS 主控盒

5）控制正、负主继电器。

6）控制电池加热。

7）唤醒应答。

8）控制充/放电电流。

2. 高压盒

如图 3-1-7 所示，高压盒用于监控动力电池的总电压和充、放电流及绝缘性能，主要功能如下：

1）监控动力电池的总电压。

2）监控动力电池的总电流。

3）检测高压系统绝缘性能。

4）监控高压连接情况。

5）将以上项目监控到的数据反馈给主控盒。

3. 电池低压管理系统

如图 3-1-8 所示，电池低压管理系统用于监控动力电池的单体电压、电池组的温度，主要功能如下：

图 3-1-7　北汽新能源 BMS 高压盒

图 3-1-8　电池低压管理系统

1）监控每个单体电压反馈给主控盒。

2）监控每个电池组的温度反馈给主控盒。

3）检测高压系统绝缘性能。

4）SOC 值监测。

5）将以上项目监控到的数据反馈给主控盒。

三、任务实施

1. 实施要求

本任务主要学习动力电池管理系统的更换。具体内容如下：

1）动力电池管理系统的拆卸。

2）动力电池管理系统的安装。

2. 实施准备

1）防护装备：安全防护装备。

2）车辆、台架、总成：北汽新能源整车或台架，或其他车型整车或台架。
3）专用工具、设备：无。
4）手工工具：无绝缘拆装组合工具。
5）辅助材料：警示标示和设备；绝缘地胶；清洁剂。

3. 实施步骤

以下以北汽 EV160 为例，介绍动力电池管理系统拆装流程。

➡ **警告**：

在 BMS 的更换过程中，拆卸时注意紧固件与配件的拆卸，防止掉落模组内部引起短路事故。

1）将动力电池箱体与车身分离。
2）将动力电池包上盖打开。
3）确认需更换的 BMS 位置。

BMS 丛板更换流程与规范：

➡ **警告**：

在处理丛板的更换过程中，拆卸时注意紧固件与配件的拆卸，防止掉落模组内部引起短路事故。

1）将动力电池箱体与车身分离。
2）将动力电池包上盖打开。
3）确认需更换的 BMS 丛板位置，如图 3-1-9 所示。
4）拆卸所有丛板的插接件，如图 3-1-10 所示。

图 3-1-9　确认 BMS 丛板位置

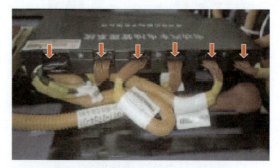

图 3-1-10　拆卸所有丛板的插接件

5）拆卸丛板本体，如图 3-1-11 所示。

图 3-1-11　拆卸丛板本体

6）将新丛板双侧的固定片安装稳固。

注意：丛板双侧固定片须用专用型号紧固件与丛板配套使用。

① 拧紧丛板固定片紧固件，如图 3-1-12 所示。
② 固定片安装后准备安装丛板。
③ 丛板位置摆放正确至螺纹插孔全部对齐，如图 3-1-13 所示。

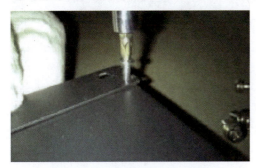

图 3-1-12　拧紧丛板固定片紧固件

图 3-1-13　对齐螺纹孔

④ 检查丛板紧固件配件是否齐全为标准三件套（紧固件、弹片和垫片）。
⑤ 紧固件安装先后顺序为：弹片、垫片，如图 3-1-14 所示。
⑥ 使用十字螺钉旋具拧紧丛板紧固件，如图 3-1-15 所示。

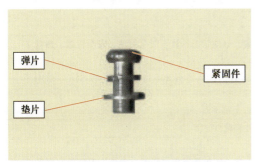

图 3-1-14　紧固件安装先后顺序

图 3-1-15　拧紧丛板紧固件

7）在原位置安装新丛板，将插接件安装至需更换后的丛板并安装插件。

注意：丛板插口印有插件标号，如图 3-1-16 所示。

图 3-1-16　丛板插口印有插件标号

① 安装中按照插件上的标签内容进行对号插接，如图 3-1-17 所示。
② 插件对正插口，不可错位防止插针损坏，如图 3-1-18 所示。

图 3-1-17　插件上的标签

图 3-1-18　插件对正插口

③ 检查插件是否牢固，编号是否与插口对应。
8）再次检查线束插件是否插接正确，有无工具或异物遗落箱体内部。
9）安装上盖并进行密封处理。
10）将动力电池箱体与车身进行安装。

四、任务考核

学习目标		考核题目（判断题每题 1 分，单选题每题 2 分）	得分
知识目标	1	1）动力电池的能量储存与输出都需要模块来进行管理，即动力电池能量管理模块，也称为动力电池管理系统，或动力电池能量管理系统，简称（　　）。 A.BBC　　B.ABS　　C.BMS　　D.EPS	
		2）动力电池管理系统主控制功能主要包括数据采集、电池状态计算、能量管理、安全管理、热管理、均衡控制、通信功能和人机接口等。（　　）	
		3）（　　）主要包括以电流、电压、温度、SOC 和 SOH 为输入进行充电过程控制，以 SOC、SOH 和温度等参数为条件进行放电功率控制两个部分。 A. 能量管理　　B. 安全管理　　C. 热管理　　D. 以上都不对	
	2	1）动力电池管理系统（BMS）的组成可以分为硬件和软件。（　　）	
		2）下面有错误的是（　　）。 A. 动力电池管理系统的硬件包括主板、丛板及高压盒，还包括采集电压线、电流、温度等数据的电子器件 B. 动力电池管理系统的软件用于监测电池的电压、电流、SOC 值、绝缘电阻值、温度值，通过与 VCU、充电机的通信，来控制动力电池系统的充放电 C. 接收电池管理系统反馈的实时温度和单体电压（并计算最大值和最小值）是高压盒的主要功能之一 D. 高压盒用于监控动力电池的总电压和充、放电流及绝缘性能	
		3）电池低压管理系统用于监控动力电池的单体电压、电池组的温度。（　　）	
技能目标		1）不属于安全防护装备的是（　　） A. 绝缘手套　　B. 绝缘工具　　C. 绝缘鞋　　D. 非化纤类衣服	
		2）在 BMS 的更换过程中，拆卸时注意紧固件与配件的拆卸，防止掉落模组引起内部短路事故。（　　）	
		3）在安装插接器时，要注意观察与插口是否对应，安装好插接器，需要检查是否安装到位（　　）	
总分：		分	
教师评语：			

任务二　动力电池管理系统检测

学习目标

◎ **知识目标**
1. 能够描述动力电池管理系统的主要控制参数。
2. 能够描述动力电池管理系统的故障和对整车的影响。

◎ **技能目标**
能够进行动力电池管理系统的检测。

一、任务导入

一辆北汽新能源 EV160 纯电动汽车动力电池故障指示灯显示红色。你的主管初步判断是电池管理系统方面的问题，要求你利用诊断仪器进一步诊断，你能完成这项任务吗？

二、获取信息

引导问题 1　动力电池管理系统的有哪些控制参数？

下面以北汽新能源纯电动汽车为例，介绍动力电池管理系统采集的主要控制参数。

北汽新能源动力电池管理系统的高压和低压控制如图 3-2-1 和图 3-2-2 所示，主要控制与充电系统相关。

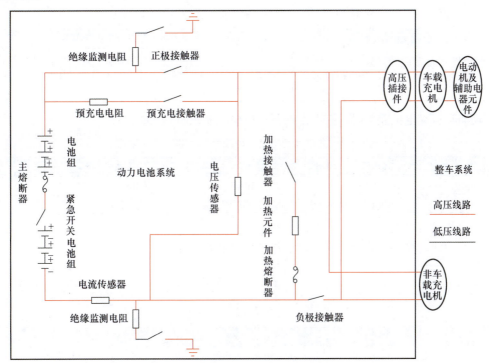

图 3-2-1　北汽新能源动力电池管理系统高压控制图

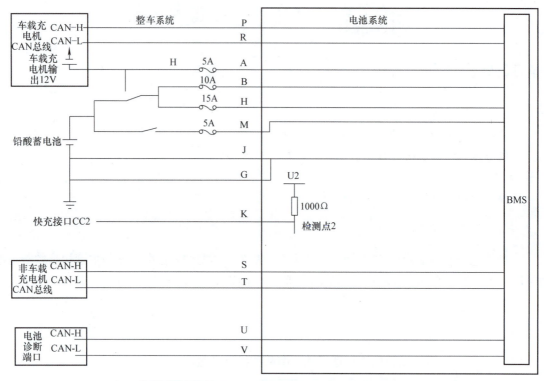

图 3-2-2 北汽新能源动力电池管理系统低压控制图

1. 充电电流与温度

北汽新能源电池管理系统采用车载充电机充电时,充电温度与充电电流要求见表 3-2-1。

表 3-2-1 充电温度与充电电流要求(车载充电机)

温　　度	<0℃(加热)	0~55℃	>55℃
可充电电流	0A	10A	0A
备注	当单体最高电压高于额定电压 0.4V 时,降低充电电流到 5A,当单体电压高于额定电压 0.5V 时,充电电流为 0A,请求停止充电		

采用非车载充电机充电时,充电温度与充电电流要求见表 3-2-2。

表 3-2-2 充电温度与充电电流要求(非车载充电机)

温　　度	<5℃(加热)	5~15℃	15~45℃	>45℃
可充电电流	0A	20A	50A	0A
备注	恒流充电至单体电压高于额定电压 0.3V 以后,转为恒压充电方式			

2. 充电加热与保温

对于有加热功能的动力电池,充电加热与保温的要求如下。

(1)充电加热

充电加热要求见表 3-2-3。

表 3-2-3 充电加热要求

充电状态	车载充电机(慢充)	非车载充电机(快充)
温度	<0℃(加热)	<5℃(加热)

1）慢充时低于 0℃的温度点，启动加热模式。闭合加热片，待所有电芯温度点高于 5℃，停止加热，启动充电程序，过程中出现电芯温度差高于 20℃，则间歇停止加热，待加热片温度差低于 15℃，则重启加热片。

2）加热过程中，正常情况下充电桩电流显示为 4~6A。

3）充电过程中，充电桩电流显示为 12~13A。

4）如果单体压差大于 300m，则停止充电，报充电故障。

5）快充时≤5℃的温度点，启动加热模式。电芯温度数据与慢充相同；如果充电过程中最低温度≤5℃，则停止充电模式，也不重新启动加热模式。

（2）保温策略

1）充电保温只发生在车载充电完成后。

2）充电完成后，电池温度≤5℃时，进入保温模式，若电池温度>5℃，电池进入静置状态。

3）保温策略以保温 2h 为唯一截止条件。

4）保温过程中，电池温度上升至≥8℃时，电池进入静置状态。

5）保温过程中，如果电池温差超过 20℃，电池进入静置状态直至温差低于 10℃，再次启动加热。

3. 放电状态具备条件

动力电池管理系统对动力电池放电的控制，需同时满足以下条件：

（1）动力电池内部条件

1）储电能量 >10%（SOC）。

2）电池温度在 −20~45℃。

3）单体电芯温度差 <25℃。

4）实际单体最低电压不小于额定单体电压 0.4V。

5）单体电压差 <300mV。

6）绝缘性能 >500Ω/1V。

7）动力电池内部低压供电、通信正常。

8）电动电池监测系统工作正常（电压、电流、温度、绝缘）。

（2）动力电池外部条件

1）BMS 常电供电正常（12V 正、负极）。

2）ON 信号正常。

3）VCU 唤醒信号正常。

4）CAN 线通信正常（新能源 CAN 总线）。

5）高压线束连接正常。

6）高压线束及电气设备绝缘性能 >500Ω/1V。

7）充电连接确认信号线或充电唤醒信号无短路（VCU 到充电机或充电连接线束）。

需要特别注意的是，当动力电池报一级故障时无法放电。

4. 充电状态具备条件

动力电池管理系统对动力电池充电的控制，需同时满足以下条件：

（1）车载充电机（慢充）

1）BMS 常电供电正常（12V 正、负极）。

2）ON 信号正常。

3）充电唤醒信号正常。

4）CAN 线通信正常（新能源 CAN 总线）。

5）高压线束连接正常。

6）高压线束及电气设备绝缘性能 >500Ω/1V。

7）动力电池温度高于 0℃。

8）动力电池内部无故障。

（2）非车载充电机（快充）

1）BMS 常电供电正常（12V 正、负极）。

2）ON 信号正常。

3）充电唤醒信号正常。

4）CAN 线通信正常（新能源 CAN 总线）。

5）高压线束连接正常。

6）高压线束及电气设备绝缘性能 >500Ω/1V。

7）动力电池温度高于 5℃。

8）动力电池软件版本与充电桩软件版本匹配。

9）动力电池与充电桩通信不超时。

10）动力电池内部无故障。

> **引导问题 2**　动力电池管理系统会出现哪些故障？对整车有何影响？

1. 仪表板故障指示灯解读

动力电池管理系统（BMS）出现故障时，仪表板通常会点亮故障指示灯，相关的指示灯含义见表 3-2-4。

表 3-2-4　仪表板动力电池和充电系统故障指示灯

图标	颜色	名称	说明
	黄色	动力电池充电提醒（电量不足报警）	点火，当电量低于 30%，动力电池充电提醒灯点亮。高于 35%，动力电池充电提醒灯熄灭
	红色	动力电池故障	点火状态下，动力电池故障
	红色	动力电池切断	点火状态下，动力电池切断
	红色	充电线连接	充电线连接（充电口盖开启）
	红色	动力电池绝缘电阻低	点火状态下，动力电池绝缘电阻低

北汽 E150EV 关于动力电池故障，在仪表上只显示动力电池故障、动力电池绝缘故障及动力电池系统断开三种故障信息。

2. 动力电池管理系统故障级别分类

根据故障对整车的影响，动力电池管理系统故障划分为三个等级：

（1）一级故障（非常严重）

动力电池上报该故障一段时间后会造成整车出现安全事故，如起火、爆炸、触电等。动力电池在正常工作时不会上报该故障，BMS 一旦上报该故障表明动力电池处于严重滥用状态。

（2）二级故障（严重）

动力电池上报该故障会造成整车进入跛行、暂时停止能量回馈、停止充电。动力电池在正常工作时不会上报该故障，BMS 一旦上报该故障表明动力电池某些硬件出现故障或动力电池处于非正常工作的条件下。

（3）三级故障（轻微）

动力电池上报该故障对整车无影响或不同程度地造成整车进入限功率行驶状态。动力电池在正常工作时可能上报该故障，BMS 一旦上报该故障表明动力电池处于极限环境温度下或单体电池一致性出现一定劣化等。

3. 动力电池管理系统故障级别的名称和编码

不同级别的故障，有对应的故障名称、故障码以及对整车的影响。各故障级别中，相同的故障名称，根据故障程度级别不同，以不同故障码区分。另外，不同批次车辆，相同的故障名称不同故障码，以诊断仪显示的编码和解释为准。

（1）一级故障名称和故障码对照表

一级故障名称和故障码对照表见表 3-2-5。

表 3-2-5　一级故障名称和故障码对照表

故障名称	故 障 码	对整车的影响
单体电压过压	P0004	行车模式：电池放电电流降为 0，断高压，无法行车 车载充电：请求停止充电/停止加热，主正、主负继电器断开 直流快充：BMS 发送终止充电，主正、主负继电器断开
电池外部短路（放电过流）	P0006	
温度过高	P0007	
电池内部短路	P0014	

（2）二级故障名称和故障码对照表。二级故障名称和故障码对照表见表 3-2-6。

表 3-2-6　二级故障名称和故障码对照表

故障名称	故 障 码	对整车的影响
单体电压欠压	P0269	行车模式：限功率至放电电流 25A
BMS 内部通信故障	P0279	行车模式：限功率至放电电流 25A，"最大允许充电电流"调整为 0 充电模式：发送请求停止充电，如果上报故障后 2s 内未收到响应，BMS 主动断开高压继电器或加热继电器
BMS 硬件故障	P0284	
BMS 与车载充电机通信故障	P0283	车载充电模式：请求停止充电，或请求停止加热，如果上报故障后 2s 内未收到响应，BMS 主动断开高压继电器或加热继电器
温度过高	P0258	行车模式：限功率至放电电流 25A，"最大允许充电电流"调整为 0
绝缘电阻过低	P0276	行车模式：限功率至放电电流 25A，"最大允许充电电流"调整为 0 充电模式：发送请求停止充电，如果上报故障后 2s 内未收到响应，BMS 主动断开高压继电器或加热继电器
加热元件故障	P0281—1	充电模式：请求停止加热，如果上报故障后 2s 内未收到响应，BMS 主动断开加热继电器

（3）三级故障名称和故障码对照表。三级故障名称和故障码对照表见表 3-2-7。

表 3-2-7　三级故障名称和故障码对照表

故障名称	故 障 码	对整车的影响	恢复条件
温度过高故障	P1043	行车模式：放电功率降为当前状态的 50%	重新上电
绝缘电阻过低	P1047	上报不处理	
电压不均衡	P1046	行车模式：放电功率降为当前状态的 40%	
单体电压欠压	P1040		
温度不均衡	P1045	上报不处理	
放电过流	P1042	行车模式：放电功率降为当前状态的 50%	

4. 动力电池管理系统故障级别的区分

可以利用故障诊断仪器，读数据流根据实际数值，进一步确定故障级别。例如，以北汽新能源 E150EV 为例（图 3-2-3），动力电池单体温度 45℃时是三级故障、50℃时是二级故障、55℃时是一级故障（各品牌电池数据有差异，详见维修资料）。

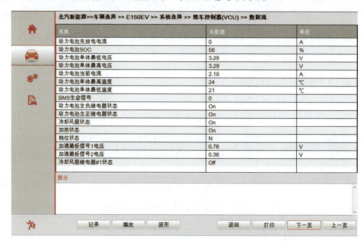

图 3-2-3　北汽 E150EV 数据流

三、任务实施

1. 实施要求

本任务主要学习动力电池管理系统的故障诊断流程。主要内容如下：
1) 比亚迪 e5 动力电池管理系统的故障诊断流程。
2) 动力电池管理控制器更换流程。

2. 实施准备

1) 防护装备：安全防护装备。
2) 车辆、台架、总成：比亚迪 e5 整车或动力电池管理系统台架，或其他车型整车或台架。
3) 专用工具、设备：比亚迪故障诊断仪器。
4) 手工工具：无。
5) 辅助材料：警示标示和设备。

3. 实施步骤

下面以比亚迪 e5 为例，介绍动力电池管理系统诊断流程和动力电池管理控制器更换流程。

（1）比亚迪 e5 动力电池管理系统的故障诊断流程。

1）检查蓄电池电压及整车低压线束供电是否正常。

标准电压值：12~14V。

如果电压值低于 12V，在进行 3）之前请充电或更换蓄电池或检查整车低压线束。

2）对接好插接件，整车上 ON 档电，进入电池管理器故障码诊断。故障码（节选）见表 3-2-8。

表 3-2-8　电池管理器故障码表（节选）

编号	DTC	描　　述	应检查部位
	P1A0000	严重漏电故障	检查动力电池、四合一、空调压缩机和 PTC
	P1A0100	一般漏电故障	检查动力电池、四合一、空调压缩机和 PTC
	P1A0200	BIC1 工作异常故障	采集器 1
	P1A0300	BIC2 工作异常故障	采集器 2
	P1A0400	BIC3 工作异常故障	采集器 3
	⋮		
	P1A9A00	BIC13 工作异常故障	采集器 13
	P1A0C00	BIC1 电压采样异常故障	电池模组 1：软件会自己屏蔽掉，无需处理，若无法屏蔽则需要换电池模组
	P1A0D00	BIC2 电压采样异常故障	电池模组 2：软件会自己屏蔽掉，无需处理，若无法屏蔽则需要换电池模组
	P1A0E00	BIC3 电压采样异常故障	电池模组 3：软件会自己屏蔽掉，无需处理，若无法屏蔽则需要换电池模组
	P1A0F00	BIC4 电压采样异常故障	电池模组 4：软件会自己屏蔽掉，无需处理，若无法屏蔽则需要换电池模组
	P1A1000	BIC5 电压采样异常故障	电池模组 5：软件会自己屏蔽掉，无需处理，若无法屏蔽则需要换电池模组
	U20BA00	BIC11CAN 通信超时故障采集器、CAN 线	
	U20BB00	BIC12CAN 通信超时故障采集器、CAN 线	
	U20BC00	BIC13CAN 通信超时故障采集器、CAN 线	
105	U20B800	BIC9CAN 通信超时故障	采集器、CAN 线
106	U20B900	BIC10CAN 通信超时故障	采集器、CAN 线
	U20BA00	BIC11CAN 通信超时故障采集器、CAN 线	采集器、CAN 线
	U20BB00	BIC12CAN 通信超时故障采集器、CAN 线	采集器、CAN 线
	U20BC00	BIC13CAN 通信超时故障采集器、CAN 线	采集器、CAN 线
107	U029700	有感应信号但没有车载报文故障	蓄电池、低压线束
108	U012200	有感应信号但没有启动 BMS 报文故障（低压 BMS）	蓄电池、低压线束
109	P1A6000	高压互锁故障	电池管理器、高压电控总成、低压线束

表 3-2-8　电池管理器故障代码表

3）针对故障进行调整，维修或更换。

4）确认测试。

5）结束。

（2）动力电池管理控制器更换流程

如果确认电池管理器有问题，导致车辆不能运行，请按以下步骤拆卸。

1）将车辆退电至 OFF 档，等待 5min。

2）打开前舱盖。

3）拔掉电池管理控制器上连接的动力电池采样线和整车低压线束的插接件，拔掉整车低压线束在电池管理控制器支架上的固定卡扣。

4）用 10 号套筒拆卸电池管理控制器的三个固定螺母。

5）更换电池管理器，插上动力电池采样线和整车低压线束的插接件，需确认。

6）用 10 号套筒拧紧电池管理控制器的三个固定螺母。

7）整车上电，再次检查问题是否解决。

8）如还有问题，解决问题。

四、任务考核

学习目标	考核题目（判断题每题 1 分，选择题每题 2 分）	得　分
知识目标	1　1）（多选）属于动力电池管理系统采集的主要控制参数的是（　　）。 A. 充电电流与温度　B. 充电加热与保温　C. 放电状态具备条件　D. 以上都错 2）不属于动力电池内部条件的内容是（　　）。 A. 储电能量 > 10%（SOC）　　B. 电池温度在 -20～45℃ C. 高压线束连接正常　　　　D. 单体电芯温度差 < 25℃ 3）不属于车载慢充的条件是（　　） A. 动力电池软件版本与充电桩软件版本匹配　　B. ON 信号正常 C. 充电唤醒信号正常　　D. 高压线束连接正常	
	2　1）动力电池管理系统（BMS）出现故障时，仪表板通常会点亮故障指示灯。（　　） 2）根据故障对整车的影响，动力电池管理系统故障划分为（　　）个等级。 A. 2　　B. 3　　C. 4　　D. 5 3）动力电池上报该故障会造成整车进入跛行、暂时停止能量回馈、停止充电。动力电池在正常工作时不会上报该故障，BMS 一旦上报故障表明动力电池某些硬件出现故障或动力电池处于非正常工作的条件下。该故障属于（　　）故障。 A. 一级　　B. 三级　　C. 二级　　D. 四级	
技能目标	1）关于比亚迪 e5 动力电池管理系统的故障，在连接故障诊断仪之前，需要对蓄电池电压及整车的低压线束的供电进行检查。（　　） 2）汽车诊断仪通常是在点火钥匙在 ON 档的时候，直接连接上去的。（　　） 3）（多选）汽车故障诊断仪通常具有的功能是（　　）。 A. 读取故障码　　　　　B. 读取数据流 C. 对执行器进行动作测试　　D. 查看波形	

总分：　　　　分

教师评语：

项目四 新能源汽车动力电池冷却系统

项目描述

新能源汽车（纯电动和混合动力汽车）的动力电池、电机、电机控制器等部件在工作中会产生大量的热量，部件的过热会严重影响其工作性能。另外，动力电池组最佳工作温度为23~24℃，温度并非越低越好，在低温的环境下需要对动力电池组进行加热，保持合适的工作温度。因此新能源汽车与传统汽车一样，也必须采用冷却系统。

本项目主要介绍新能源汽车动力电池冷却系统的结构原理和检测方法。

本项目包括以下 2 个任务：

任务一　动力电池冷却系统认知；

任务二　动力电池冷却系统检修。

通过以上 2 个任务的学习，了解新能源汽车的冷却系统与传统汽车冷却系统的区别，掌握新能源汽车动力电池冷却系统的结构原理，学会检修动力电池管理系统。

任务一　动力电池冷却系统认知

学习目标

◎ 知识目标

1. 能够描述动力电池的发热原因与冷却系统作用。

2. 能够描述动力电池冷却系统的冷却形式。

◎ 技能目标

能够认识动力电池冷却系统的结构组成。

一、任务导入

手机电池长时间充电会发烫，新能源汽车的动力电池也会发热吗？如果会，是否需要冷却系统吗？

二、获取信息

> **引导问题 1** 动力电池会像手机电池一样发热吗?

1. 动力电池的发热原因

动力电池作为电动汽车的动力能源,其充电、做功时的发热问题一直阻碍着电动汽车的发展。动力电池的性能与电池温度密切相关。40~50℃以上的高温会明显加速电池的衰老,更高的温度(如120~150℃以上)则会引发电池热失控。

下面以镍氢电池为例,介绍电池发热的原因。

镍氢电池电化学反应原理决定了镍氢电池在充放、电过程中会产生热。生热因素主要有4个:电池化学反应生热、电池极化生热、过充电副反应生热以及内阻焦耳热。

如果把电池内部所有的物质如活性物质、正极和负极、隔板等假定为一个具有相同特性的整体,电池内部的热传导性非常好,使电池内部单元等温。但由于电池壳体基本不产生热量,因而其温度与电池内部的温度非常接近。由表4-1-1可以看出,电池经过变电流充放工况后,电池的最高温度和最低温度与电池平均温度之差在4.2℃左右,电池的最高温度在35.5℃左右。

表 4-1-1 放电前后电池箱电池温度对照

工 况	最高温度/℃	最低温度/℃	平均温度/℃
放电前	30.2	29.2	29.7
放电后	35.5	32.3	33.9

2. 动力电池冷却系统的作用

动力电池组的工作状态包括:

1)电池组在充放电时会释放一定的热量,故需要对电池组进行冷却。

2)在低温环境下,需要对电池组进行加热处理,以提高运行效率。

动力电池组采用冷却系统的作用是,通过对动力电池组冷却或加热,保持动力电池组较佳的工作温度,以改善其运行效率并提高电池组的寿命。图4-1-1是动力电池组的热管理系统示意图。热管理系统可以根据需要对电池组进行冷却或加热。

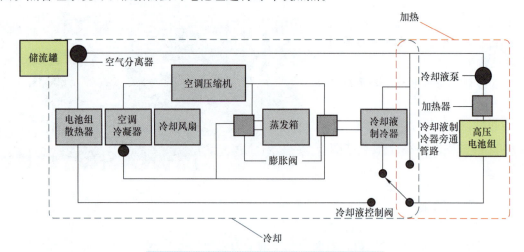

图 4-1-1 动力电池组热管理系统组成示意图

需要特别说明的是，目前国内常见的绝大多数新能源汽车的电机及控制器都采用冷却系统，但动力电池的冷却系统除了少数车型（如荣威汽车）以外，基本上都没有专门的冷却系统，原因有二：

一方面，由于冷却系统增加了电池组的体积，或会消耗电池的一部分能量；另一方面，国内车型对动力电池的材料进行改进，以及利用控制程序进行修正，对电池工作环境要求不高。当然，这会以损耗电池寿命为代价的。

引导问题 2　动力电池冷却系统的冷却形式有哪些？

除了极少数车型没有采用冷却系统以外，目前应用在动力电池上的冷却方式有水冷和风冷两种。

1. 水冷动力电池冷却系统

水冷动力电池冷却系统结构如图 4-1-2 所示，主要部件包括散热器、膨胀壶、电子水泵、VCU（或 HPCM2，混动车型）、冷却液控制阀、加热器和冷却管路等。

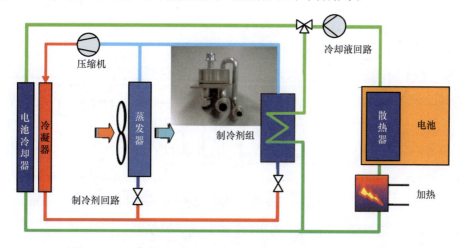

图 4-1-2　水冷式动力电池冷却系统

水冷动力电池冷却系统优点是：电池平均能量效率高；电池模块结构紧凑；冷却效果优异；能集成电池加热组件，解决了在环境温度很低的情况下加热电池的问题。

缺点是：系统复杂，多了很多部件，如水泵、阀、低温水箱，成本增加。

以下介绍冷却系统关键部件电动水泵和电子风扇。

电动水泵如图 4-1-3 所示。电动水泵是冷却液循环的动力元件，对冷却液加压，促使冷却液在冷却系统中循环，带走系统散发的热量起关键作用。

电子风扇如图 4-1-4 所示。其作用是提高流经散热器、冷凝器的空气流速和流量，以增强散热器的散热能力，并冷却机舱其他附件。

图 4-1-3　电动水泵

图 4-1-4　电子风扇

2. 风冷动力电池冷却系统

风冷动力电池冷却系统结构如图 4-1-5 所示。

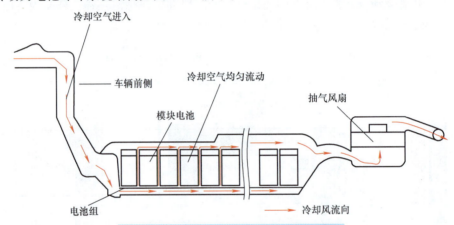

图 4-1-5　纯电动汽车电池组风冷系统结构

冷却空气在动力电池模块中的流动有串行、并行通风等方式。

（1）串行通风结构

风冷电池模块采用如图 4-1-6 的串行通风结构。

在该散热模式下，冷空气从左侧吹入从右侧吹出。空气在流动过程中不断地被加热，所以右侧的冷却效果比左侧要差，电池箱内电池组温度从左到右依次升高。该技术应用在第一代丰田普锐斯等车型上。

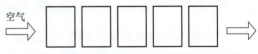

图 4-1-6　电池模块串行通风示意图

（2）并行通风结构

并行通风结构如图 4-1-7 所示。

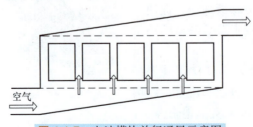

图 4-1-7　电池模块并行通风示意图

并行通风方式可以使空气流量在电池模块间更均匀地分布,这需要对进排气通道、电池布置位置进行设计。其楔形的进排气通道使不同模块间缝隙上下的压力差基本保持一致,确保吹过不同电池模块的空气流量的一致性,从而保证了电池组温度场分布的一致性。

(3)冷却风扇控制。双模式混合动力电池装备有一个冷却风扇和电池冷却通风导管,电池控制模块使用4个传感器探测电池温度,还有2个传感器探测空气温度,根据温度信号以及风扇转速信号,控制模块通过PWM信号来调节风扇转速,电池组工作温度超出正常范围时,系统启动电池冷却风扇(图4-1-8)。

图 4-1-8 动力电池冷却风扇

三、任务实施

1. 实施要求

本任务主要认识新能源汽车冷却系统的组成元件。

2. 实施准备

1)防护装备:常规实训装备。
2)车辆、台架、总成:北汽新能源EV160整车或其他同类车型。
3)专用工具、设备:无。
4)手工工具:无。
5)辅助材料:无。

3. 实施步骤

1)北汽EV160冷却系统为水冷,由储液壶、散热水箱、电子水泵、驱动电机、驱动电机控制器、PDU以及水管,如图4-1-9所示。

a)储液壶

b)电子水泵

c)驱动电机控制器

图 4-1-9 EV160冷却系统的组成

2）储液壶能看到冷却液的液位，电子水泵工作带动冷却液从散热水箱到驱动电机控制器，再从驱动电机控制器流向 PDU，再从 PDU 的出水口流向驱动电机、驱动电机的出水口连接散热器，高温的冷却液经散热器降温。

3）北汽 EV160 冷却系统没有配备暖风水箱。

四、任务考核

学习目标		考核题目（判断题每题 1 分，单选题每题 2 分）	得分
知识目标	1	1）动力电池的性能与电池温度没有什么影响。（　）	
		2）镍氢电池电化学反应原理决定了镍氢电池在充放、电过程中的生热。生热因素主要有（　）个。 A. 5　　B. 4　　C. 3　　D. 2	
		3）动力电池组采用冷却系统的作用是：通过对动力电池组冷却或加热，保持动力电池组较佳的工作温度，以改善其运行效率并提高电池组的寿命。（　）	
		4）目前国内常见的全部新能源汽车的电动机及控制器都采用冷却系统。（　）	
	2	1）只要是有动力电池的汽车，就一定会有动力电池冷却系统。（　）	
		2）除了极少数车型没有采用冷却系统以外，目前应用在动力电池上的冷却方式有（　）和（　）两种。 A. 风冷、油冷　　B. 油冷、水冷　　C. 水冷、风冷　　D. 以上都不正确	
		3）水冷动力电池冷却系统优点是：电池平均能量效率高；电池模块结构紧凑；冷却效果优异；能集成电池加热组件，解决了在环境温度很低的情况下，加热电池的问题。（　）	
		4）水冷式动力电池系统的冷却效果优于风冷式动力电池系统。（　）	
技能目标		1）不属于水冷式动力电池冷却系统的主要部件的是（　）。 A. 中冷器　　B. 电子水泵　　C. 冷却管路　　D. 冷却液控制阀	
		2）风冷式动力电池的冷却方式有串行、并行通风等方式。（　）	
总分：　　分			
教师评语：			

任务二　动力电池冷却系统检修

学习目标

◎ 知识目标

1. 能够描述纯电动汽车动力电池冷却系统的结构组成。

2. 能够描述混合动力汽车动力电池冷却系统的结构组成。

◎ 技能目标

1. 能够进行冷却系统冷却液泵的更换。

2. 能够进行冷却系统电子风扇的更换。

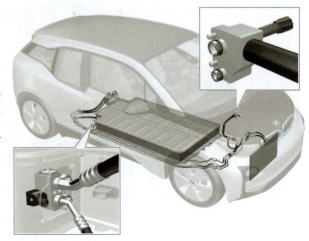

一、任务导入

一辆荣威 e50 纯电动汽车的动力电池冷却水泵有故障,需要排除,你能完成这项任务吗?

二、获取信息

引导问题 1 纯电动汽车动力电池冷却系统由哪些结构组成?

荣威 e50 冷却系统分为 2 个独立的系统,分别是电源逆变器(PEB)/驱动电机冷却系统、动力电池冷却系统。

冷却系统利用热传导的原理,通过冷却液在各个独立的冷却系统回路中循环,使驱动电机、PEB 和动力电池保持在最佳的工作温度。冷却液是 50% 的水和 50% 的有机酸的混合物。冷却液要定期更换才能保持其最佳效果和耐腐蚀性。

注意:冷却液会损坏油漆表面。如果冷却液溢出,要迅速擦掉冷却液并清水冲洗。

下面介绍动力电池冷却系统。电源逆变器 / 驱动电机冷却系统在驱动电机中介绍。

1. 动力电池冷却系统结构组成

动力电池冷却系统组件如图 4-2-1 所示。

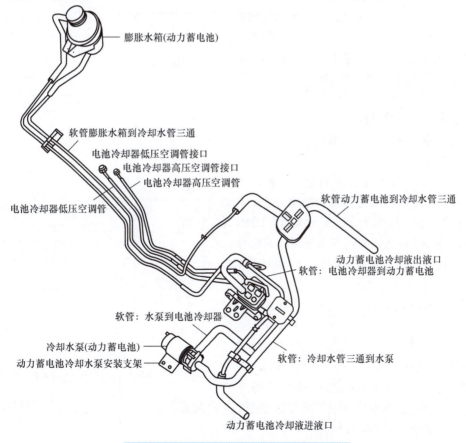

图 4-2-1 荣威 e50 动力电池冷却系统组件

(1)冷却液泵。整个冷却系统 2 个电子水泵，分别是 PEB/ 驱动电机冷却液泵和动力电池冷却液泵。

动力电池冷却器冷却泵通过安装支架，并由 2 个螺栓固定在车身底盘上，经由其运转来循环动力电池冷却系统。

(2)冷却液软管。橡胶冷却液软管在各组件间传送冷却液，弹簧卡箍将软管固定到各组件上。动力电池冷却系统软管布置在前舱内和后地板总成下。

(3)膨胀水箱。动力电池冷却系统配有卸压阀的注塑冷却液膨胀水箱，膨胀水箱安装在 PEB 托盘上，溢流管连接到电池冷却器出液管上，出液管连接到冷却水管三通上。

膨胀水箱外部带有"MAX"和"MIN"刻度，便于用户观察液位。

(4)散热器和冷却风扇。散热器都是一个两端带有注塑水箱的铝制横流式散热器。散热器的下部位于紧固在前纵梁的支架所支撑的橡胶衬套内。散热器的顶部位于水箱上横梁支架所支撑的橡胶衬套内，支撑了冷却风扇总成，空调冷凝器。

空调冷凝器安装在散热器后部，由 4 个螺栓固定至冷却风扇罩上。冷却风扇和驱动电机总成及风扇低速电阻安装在空调冷凝器后部的风扇罩上。吸入式风扇抽取空气通过散热器。

(5)冷却液温度传感器。冷却液温度传感器安装在散热器右侧前部，内含一个封装的负温度系数热敏电阻，该电阻与 PEB/ 驱动电机冷却系统冷却液相接触，是分压器电路的一部分。该电路由额定的 5V 电源、PEB 控制模块内部电阻和与温度相关的可变电阻（传感器）组成。

(6)电池冷却器。电池冷却器是动力电池冷却系统的一个关键部件，它负责将动力电池维持在合适的工作温度，使动力电池的放电性能处于最佳状态。电池冷却器主要由热交换器、带电磁阀的膨胀阀、管路接口和支架组成。热交换器主要用于动力电池冷却液和制冷系统的制冷剂的热交换，将动力电池冷却液中的热量转移到制冷剂中。

2. 动力电池冷却系统控制

动力电池冷却系统控制框图如图 4-2-2 所示。

(1)电动水泵控制

动力电池冷却系统的电池能量管理模块负责控制电动水泵，电动水泵会在动力电池温度上升到 32.5℃时开启，在温度低于 27.5℃时关闭，BMS 发出要求电池冷却器膨胀阀关闭和水泵运转的信号。

(2)电池冷却器 - 膨胀阀控制 / 冷却液温度控制

空调控制模块收到来自 BMS 的膨胀阀电磁阀开启的信号要求，首先打开电池冷却器膨胀阀的电磁阀，并给空调控制模块发送启动信号。动力电池最适宜的温度为 20~30℃。

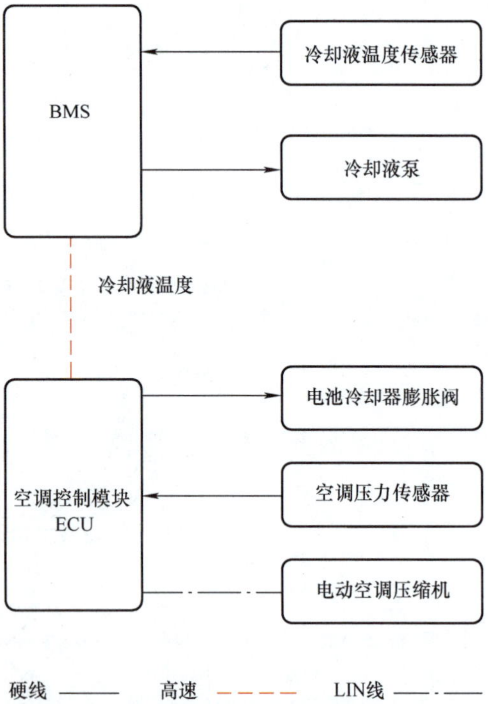

正常工作时，当动力电池的冷却液温度在 30℃以上时，空调控制模块会限制乘客舱制冷量，冷却液温度在 48℃以上，空调控制模块会关闭乘客舱制冷功能，但除霜模式除外。

空调控制模块只控制冷却液温度。BMS 控制冷却液与 BMS 动力电池内部的热量交换。

图 4-2-2 荣威 e50 动力电池冷却系统控制框图

（3）快速充电冷却必要条件

当车辆进入快速充电模式时，空调控制模块会被网关模块唤醒，此时动力电池冷却系统进入正常工作状态。

3. 动力电池冷却液循环路线图

动力电池冷却液流循环路线如图 4-2-3 所示。

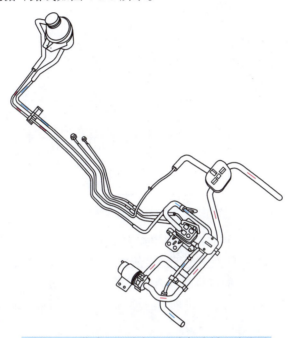

图 4-2-3　荣威 e50 动力电池冷却液循环路线图

引导问题 2　混合动力汽车动力电池冷却系统由哪些结构组成？

普锐斯混合动力汽车动力电池总成（图 4-2-4）采用的是风冷系统，因此位于行李箱内还布置有电池的冷却管路。

图 4-2-4　普锐斯风冷电池组

图 4-2-5 是普锐斯Ⅱ镍氢电池组——乘员舱空气冷却系统工作示意图。

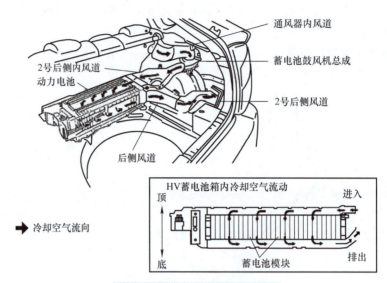

图 4-2-5 冷却系统工作示意图

蓄电池（动力电池）在温度较高时，利用乘客舱内空调产生的冷空气对电池组进行冷却；当环境温度较低时，也会利用在低温情况下乘客舱内暖的空气对电池组进行保温。

冷却空气通过后排座椅右侧的进气管流入，并通过进气风道进入行李箱右面的蓄电池鼓风机总成，而且冷却空气流过进气风道（将动力电池鼓风机总成与蓄电池总成的右上表面相连接）并流向动力电池总成。

冷却空气在蓄电池模块间从高处向低处流动。在对模块进行制冷后，它从动力电池总成的底部右侧表面排出。

制冷后的空气通过行李箱右侧排气通道排出，并排放到车辆外部。

电池管理模块使用蓄电池温度传感器来检测动力电池总成的温度。根据检测结果，电池管理模块控制蓄电池鼓风机总成，当动力电池温度上升到预定温度时，蓄电池鼓风机总成将起动。

三、任务实施

1. 实施要求

本任务主要学习动力电池冷却系统的检修。内容主要包括水泵不工作故障排除。

2. 实施准备

1）防护装备：安全防护装备。
2）车辆、台架、总成：北汽新能源整车或台架，或其他车型整车或台架。
3）专用工具、设备：汽车专用电表。
4）手工工具：绝缘拆装组合工具。
5）辅助材料：警示标示和设备；绝缘地胶；清洁剂。

3. 实施步骤

水泵不工作故障排除的步骤。

（1）取下水泵熔丝

1）取下车钥匙，如图 4-2-6 所示。

2）拆卸辅助蓄电池负极，如图 4-2-7 所示。

图 4-2-6　取下车钥匙

图 4-2-7　拆卸蓄电池负极

3）取下熔丝盒盖，如图 4-2-8 所示。

图 4-2-8　取下熔丝盒盖

4）取下熔丝，如图 4-2-9 所示。

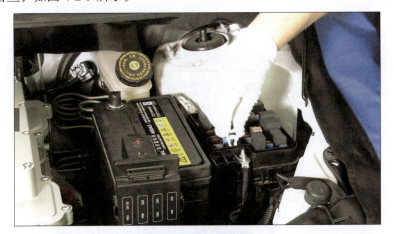

图 4-2-9　取下熔丝

5）取下 MB02（20A）水泵熔丝，如图 4-2-10 所示。
6）安装熔丝。

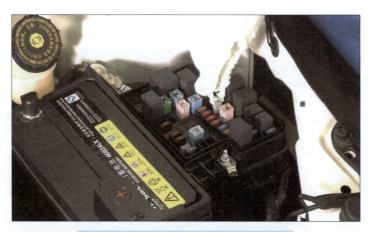

图 4-2-10　取下 MB02（20A）水泵熔丝

7）取下 R05 水泵继电器，如图 4-2-11 所示。

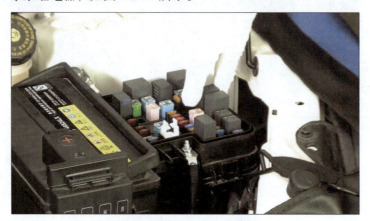

图 4-2-11　取下 R05 水泵继电器

（2）检测熔丝

1）打开万用表，并使用万用表电阻档，如图 4-2-12 所示。

图 4-2-12　使用万用表电阻档

2)红表笔与黑表笔对表,阻值为 0.1Ω。

3)红表笔和黑表笔分别连接熔丝端子,测量值为 0.6Ω,说明熔丝正常无损坏,如图 4-2-13 所示。

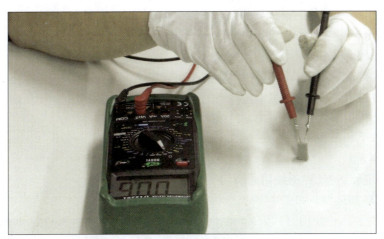

图 4-2-13　红表笔和黑表笔分别连接熔丝端子

4)收起红表笔和黑表笔。

5)关闭万用表。

注意事项:

测量电阻前,万用表必须进行校零。

(3)测量熔丝到继电器端线路的通断

1)检测熔丝到继电器 30 号端子的线路通断:

① 打开万用表,并使用万用表电阻档。

② 红表笔与黑表笔对表,阻值为 0.3Ω,正常阻值应小于 1Ω。

③ 红表笔连接继电器 30 号端子,黑表笔连接熔丝 MB02 号端子。

④ 测量值为导通(正常值为导通)。

2)检测熔丝到继电器 86 号端子的线路通断(图 4-2-14)。

图 4-2-14　检测熔丝到继电器 86 号端子的线路通断

①红表笔连接继电器 86 号端子。

②黑表笔连接熔丝 MB02 号端子。

③测量值为导通（正常值为导通）。

④收起红表笔和黑表笔，并关闭万用表。

（4）测量继电器到电子水泵线路的通断

1）打开万用表，并使用万用表电阻档。

2）红表笔与黑表笔对表，阻值为 0.3Ω。

3）黑表笔连接继电器 87 号端子，红表笔连接电子水泵插接器 1 号端子。

4）测量值为导通，正常（正常值为导通）。

5）收起红表笔和黑表笔。

6）关闭万用表。

（5）测量继电器到 VCU 的线路通断

1）拆卸 VCU 插接器，如图 4-2-15 所示。

2）打开万用表，并使用万用表电阻档。

3）红表笔与黑表笔对表，阻值为 0.3Ω，正常（正常阻值应小于 1Ω）。

4）红表笔连接水泵继电器 85 号线束端子，黑表笔连接 VCU 115 号端子。

5）测量值为导通，正常（正常值为导通）。

6）收起红表笔和黑表笔，关闭万用表。

图 4-2-15　拆卸 VCU 插接器

（6）检查 VCU 线路的通断

1）打开万用表，并使用万用表电阻档。

2）红表笔与黑表笔对表，阻值为 0.3Ω（正常阻值应小于 1Ω）。

3）黑表笔连接 VCU115 号端子，红表笔连接车身搭铁，如图 4-2-16 所示。

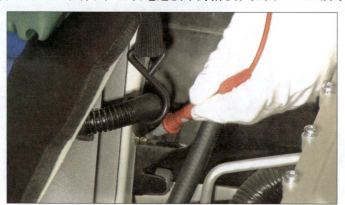

图 4-2-16　检查 VCU 线路的通断

4）测量值为导通，正常（正常值为导通）。

5）收起红表笔和黑表笔，关闭万用表。

（7）检测继电器是否正常

1）检测继电器线圈电阻。

① 打开万用表，并使用万用表电阻档。

② 红表笔与黑表笔对表，阻值为 0.3Ω（正常阻值应小于 1Ω）。

③ 红表笔连接继电器 85 号端子，黑表笔连接继电器 86 号端子，如图 4-2-17 所示。

图 4-2-17　检测继电器线圈电阻

④ 测量值 76.6Ω，正常（正常范围：75~80Ω），如图 4-2-18 所示。

2）检测继电器线圈绝缘性。

① 红表笔与黑表笔对表，阻值为 0.3Ω，正常（正常阻值应小于 1Ω）。

② 红表笔连接继电器 85 号线束端子，黑表笔分别连接继电器 30 和 87 号端子。

③ 测量值为无限大，正常（正常应无限大）。

④ 黑表笔分别连接继电器 86 号端子，红表笔分别连接继电器 30 和 87 号端子。

⑤ 测量值为无限大，正常（正常应无限大）。

⑥ 收起红表笔和黑表笔，关闭万用表。

注意事项：

30 和 87 号端子为常开开关、测量值应为无限大。

图 4-2-18　万用表读数

3）继电器加载测量。

① 打开万用表，并使用万用表电阻档。

② 红表笔与黑表笔对表，阻值为 0.3Ω，正常（正常阻值应小于 1Ω）。

③ 12V 电源红表笔链接继电器 86 号端子，12V 电源黑表笔链接继电器 85 号端子，如图 4-2-19 所示。

④ 打开模拟 12V 电源开关。

⑤ 黑表笔分别连接继电器 30 号端子，红表笔分别连接继电器 87 号端子，测量值为无限大，正常（正常应无限大）。

图 4-2-19　继电器加载测量

⑥ 收起红表笔和黑表笔，关闭万用表。
⑦ 收起模拟 12V 电源红表笔和黑表笔，关闭模拟 12V 电源开关。
（8）安装蓄电池负极
使用 10mm 扳手紧固负极线固定螺栓，标准力矩：10N·m。
（9）检测熔丝电源电压（图 4-2-20）

图 4-2-20　检测熔丝电源电压

1）打开万用表，使用万用表电压档测量。
2）红表笔连接熔丝 MB02 号电源端子，黑表笔连接低压蓄电池负极端子。
3）测量值为低压蓄电池电源电压，正常（正常值为低压蓄电池电源电压）。
4）收起红表笔和黑表笔。
（10）检测继电器电源电压（图 4-2-21）

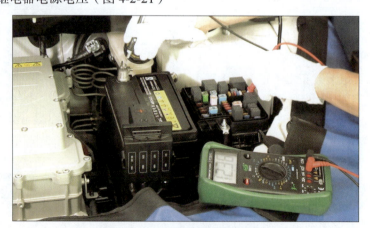

图 4-2-21　检测继电器电源电压

1）安装 MB02（20A）水泵熔丝。
2）打开万用表，使用万用表电压档测量。
3）红表笔连接继电器 86 号电源端子，黑表笔连接低压蓄电池负极端子。
4）测量值为低压蓄电池电源电压，正常（正常值为低压蓄电池电源电压）。
5）收起红表笔和黑表笔。
6）红表笔连接继电器 30 号电源端子，黑表笔连接低压蓄电池负极端子。

7）测量值为低压蓄电池电源电压，正常（正常值为低压蓄电池电源电压）。

8）收起红表笔和黑表笔，关闭万用表。

9）安装 R05 水泵继电器和熔丝盒盖，如图 4-2-22 所示。

图 4-2-22　安装熔丝盒盖

四、任务考核

学习目标	考核题目（判断题每题 1 分，单选题每题 2 分）	得分
知识目标	1）荣威 e50 冷却系统分为 2 个独立的系统，分别是电源逆变器（PEB）/驱动电机冷却系统、动力电池冷却系统（ESS）。（　）	
	2）荣威 e50 冷却系统分为（　）个独立的系统。 A.5　B.4　C.3　D.2	
	3）冷却系统利用热传导的原理，通过冷却液在各个独立的冷却系统回路中循环，使驱动电机、PEB 和动力电池保持在最佳的工作温度。冷却液是 50% 的水和 50% 的有机酸的混合物。冷却液要定期更换才能保持其最佳效率和耐腐蚀性。（　）	
	4）动力电池冷却系统主要由冷却液泵、膨胀水箱、散热器、电池冷却器组成。（　）	
2	1）普锐斯混合动力汽车动力电池总成采用的是（　）冷却系统，因此位于行李箱内还布置有电池的冷却管路。 A. 风冷　B. 水冷　C. 油冷　D. 以上都不对	
	2）蓄电池（动力电池）在温度较低的时候，利用乘客舱内空调产生的冷空气对电池组进行冷却。（　）	
	3）电池管理模块使用蓄电池温度传感器来检测动力电池总成的温度。根据检测结果，电池管理模块控制蓄电池鼓风机总成，当动力电池温度上升到预定温度时，蓄电池鼓风机总成将起动。（　）	
技能目标	1）万用表检查自身的内阻，正常的内阻值应小于（　）Ω。 A. 0.1　B. 1　C. 3　D. 5	
	2）用万表测量熔丝的端子，测量值电阻为无穷大，说明熔丝损坏。（　）	
	3）用万用表快速判断线路的通断，通常采用的档位是（　）。 A. 电阻档　B. 电压档　C. 电流档　D. 蜂鸣档	

总分：　　　　分

教师评语：

项目五 新能源汽车低压电源系统

项目描述

传统汽车通过内燃机带动发电机给 12V 蓄电池充电，为车身电器部件提供工作电源。

纯电动汽车没有了内燃机，也不再设计有发电机，车辆上用电设备的供电和 12V 蓄电池的充电，都是由纯电动汽车配置的动力电池通过 DC/DC 变换器来提供的。

本项目主要介绍新能源汽车低压电源系统的结构原理和检修方法。

本项目包括以下 2 个任务：

任务一　新能源汽车低压电源系统认知。

任务二　新能源汽车低压电源系统检修。

通过以上 2 个任务的学习，你将掌握新能源汽车低压电源系统的结构原理，学会检修低压电源系统。

任务一　新能源汽车低压电源系统认知

学习目标

◎ 知识目标

1. 能够描述新能源汽车低压电源系统与传统汽车的区别。
2. 能够描述新能源汽车低压蓄电池的特点。
3. 能够描述新能源汽车 DC/DC 变换器的功能和原理。

◎ 技能目标

1. 能够进行新能源汽车低压蓄电池的认识和更换。
2. 能够进行新能源汽车 DC/DC 变换器的认识和更换。

一、任务导入

一辆纯电动汽车需要更换 12V 辅助电池，但采购员不知道辅助电池是否和传统汽车一样，你能告诉他吗？

二、获取信息

> **引导问题 1** 新能源汽车低压电源系统与传统汽车有何区别？

1. 纯电动汽车低压电源系统与传统汽车的区别

传统汽车的电源是蓄电池和发电机，发动机未起动或起动时由蓄电池供电，起动以后则由发电机供电，同时为蓄电池充电。

新能源汽车低压电源供给是将动力电池的电能通过 DC/DC 变换为 12V 低压电源，为车载 12V 蓄电池和车身电器部件提供工作电源；常规车身电器部件包括灯光、中控门锁、信息娱乐系统、电动门窗等。

传统汽车的交流发电机利用发动机的旋转发电，发出的电提供给用电器并为蓄电池充电。新能源汽车采用 DC/DC 变换器之后，可省去交流发电机。纯电动汽车的动力电池容量很大。因此，以动力电池为电源，能够利用 DC/DC 变换器为低压蓄电池充电，从而可以省去原来的交流发电机，图 5-1-1 是纯电动汽车 DC/DC 变换器为蓄电池充电示意图。图 5-1-2 是混合动力汽车 DC/DC 变换器为蓄电池充电示意图。

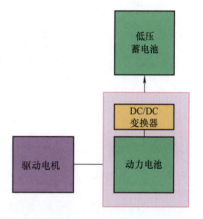

图 5-1-1 DC/DC 变换器为蓄电池充电

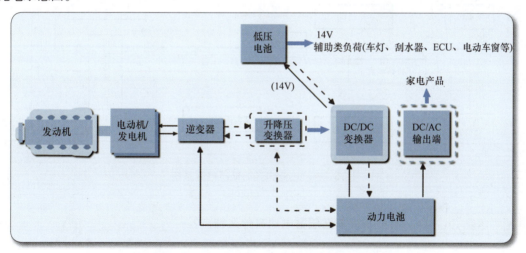

图 5-1-2 混合动力汽车 DC/DC 变换器为蓄电池充电

传统燃油汽车当发动机转速低时，如果同时使用空调、音响及车灯等，有时电池的电量会用尽。即使发动机仍在运行，有些条件下（如用电器全开）也会出现电力不足现象。而混合动力汽车和电动汽车使用动力电池和 DC/DC 变换器，便可不必考虑发动机的转速而使用电力。

2. 新能源汽车低压电源特点

（1）纯电动汽车电源特点

纯电动汽车的电源分为主电源和辅助电源。主电源为驱动汽车行驶的高压电源；辅助电源（低压的铅酸蓄电池）是为车载各种仪表、控制系统提供的直流低压电源。纯电动汽车电源模块是整个系统的稳定运行的保障。电源的可靠性对于整个系统的性能起着至关重要的作用。纯电动汽车设计和选择电源时要考虑配电方案、布局、接地回路等，以实现对负载良好的供电，达到高电压调整精度、低噪声，同时避免系统中电路之间的干扰、振荡以及过热等问题的出现。以北汽新能源纯电动汽车为例，研制设计 DC/DC 辅助电源模块，并分别为 3 个电路模块供电，如图 5-1-3 所示。

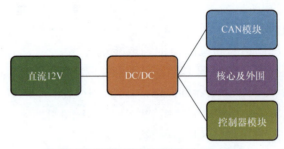

图 5-1-3　辅助电源 DC/DC 模块框图

（2）混合动力汽车电源特点。部分混合动力车型，发动机保留了发电机，低压电气系统由 12V 蓄电池、DC/DC 和发电机三个电源共同提供。图 5-1-4 是比亚迪秦混合动力汽车的低压电源系统。

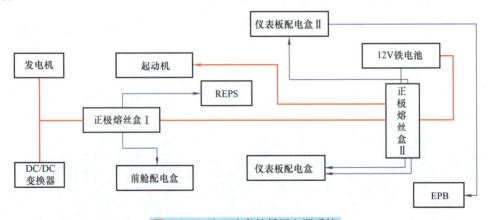

图 5-1-4　比亚迪秦的低压电源系统

引导问题 2　新能源汽车低压蓄电池有什么特点？

1. 新能源汽车保留低压蓄电池的原因

混合动力汽车和纯电动汽车理论上说也可以省去低压的蓄电池，但实际上还是保留了蓄电池。这样做主要有两个原因：一是保留低压的蓄电池，能够降低车辆的成本；二是确保电源的冗余度。

蓄电池能在短时间内向空调、刮水器及车灯等释放大电流。如果省去蓄电池而将高压动力电池的电力用于空调及刮水器等，DC/DC 变换器的尺寸势必就要增大，从而使整体成本增加。蓄电池价格便宜，因此目前将蓄电池取消还没有成本上的优势。

项目五 新能源汽车低压电源系统 | 123

蓄电池还具有确保向辅助类电器供电的作用。DC/DC变换器出现故障停止供电时，如果没有蓄电池，辅助类电器就会立即停止运行。如夜间车灯不亮，雨天刮水器停止运行等，就会影响驾驶。如果有蓄电池，就能将汽车就近开到家里或修理厂。

2. 低压蓄电池的类型

无论是传统汽车、混合动力汽车，还是纯电动汽车，都离不开蓄电池。蓄电池是将化学能直接转化成电能的一种装置，并且可以通过可逆的化学反应实现再充电。蓄电池已有100多年的历史，广泛用作传统汽车的起动动力电源。蓄电池也是成熟的电动汽车动力电源，它可靠性好、原材料易得、价格便宜；比功率基本能满足电动汽车的动力性要求。但蓄电池有两大缺点：一是比能量低，所占的质量和体积太大，且一次充电行驶里程较短；另一个是使用寿命短，使用成本高。

常用的12V低压蓄电池主要分为四类，分别为普通蓄电池、干荷蓄电池、湿荷蓄电池和免维护蓄电池。到目前为止，汽车上使用的基本上都是免维护的铅酸蓄电池，是6个铅酸蓄电池单体（2V）串联成12V的电池组，如图5-1-5所示。

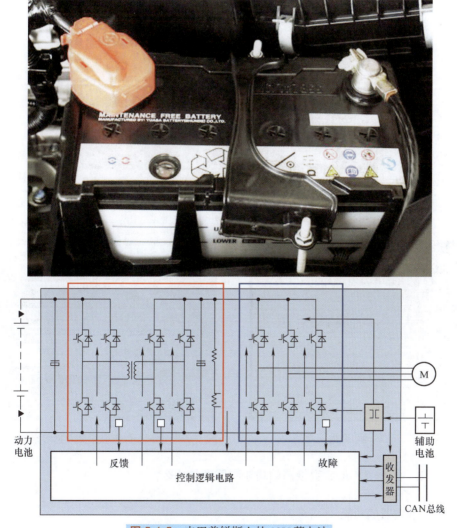

图 5-1-5 丰田普锐斯上的12V蓄电池

铅酸蓄电池采用填满海绵状铅的铅基板栅作负极，填满二氧化铅的铅基板栅作正极，并用密度 1.26~1.33g/mL 的稀硫酸作电解质。铅酸蓄电池在放电时，金属铅是负极，发生氧化反应，生成硫酸铅；二氧化铅是正极，发生还原反应，生成硫酸铅。铅酸蓄电池能反复充电、放电，在用直流电充电时，两极分别生成单质铅和二氧化铅。移去电源后，又恢复到放电前的状态，组成化学电池。

3. 新能源汽车低压蓄电池的特点

新能源汽车，特别是纯电动汽车，12V 低压蓄电池不需要给起动机提供起动时的大电流，容量变小，此外结构和类型也与传统汽车有所区别。从图 5-1-6 上可以看出，比亚迪秦 12V 蓄电池与传统汽车用的蓄电池主要区别是：

1）用于发动机起动的正极与其他用电器的供电正极分开了。

2）蓄电池内部具有智能控制模块（BMS），用于对蓄电池进行智能控制。例如蓄电池电压低时，关闭多媒体系统的电源。

图 5-1-6 是比亚迪秦 12V 蓄电池的外形。图 5-1-7 是蓄电池的注意事项。图 5-1-8 是 BMS 功能之一，当蓄电池电压低时，关闭多媒体系统。

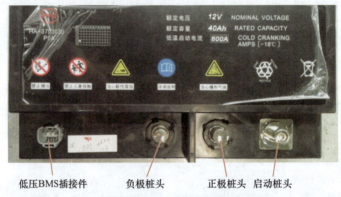

图 5-1-6 比亚迪秦 12V 蓄电池

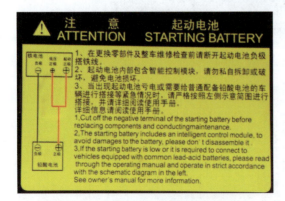

图 5-1-7 比亚迪秦起动电池注意事项

图 5-1-8 BMS 在蓄电池电压低时关闭多媒体系统

> **引导问题 3** DC/DC 变换器的功能和原理是什么？

1. DC/DC 变换器的功能

DC/DC 变换器是新能源汽车中非常重要的部件之一，如图 5-1-9 所示。DC/DC 变换器将一个不受控制的输入直流电压转换成为另一个受控的输出直流电压称之为 DC/DC 变换。目前，DC/DC 变换器在计算机、航空、航天、水下航行器、汽车、通信及电视等领域得到了广泛的应用，同时这些应用也促进了 DC/DC 变换技术的进一步发展。

DC/DC 变换器在汽车上的应用可以这么理解，在传统汽车中，发动机装有发电机给车上的设备供电，那么新能源汽车里这个 DC/DC 变换器就是取代了传统汽车中的发电机，将动力电池的高压直流电转化为整车低压 12V 直流电，给整车用电系统供电及为铅酸蓄电池充电。

2. DC/DC 变换器的类型

目前在新能源汽车里 DC/DC 变换器有三种类型：

（1）高低压变换器（辅助功率模块）

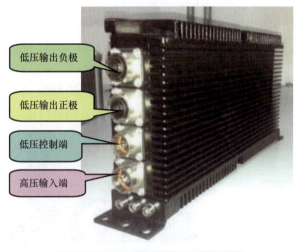

图 5-1-9　江淮汽车 DC/DC 变换器

此模块主要作用是取代传统燃油汽车的 12V 发电机，在混合动力汽车里，发动机输出的动力直接驱动高压继电器直接给电池系统补充电力，传统的 12V 的用电负荷就完全依靠 DC/DC 供给，功率范围可以从 1~2.2kW。

（2）12V 电压稳定器

12V 电压稳定器主要用在部分起停系统，在起动中避免电压波动对一些敏感的负载造成影响或损坏，例如用户可见的负载、车内照明、收音机和显示屏等，电压稳压器的功率等级随着用电器负荷而定，一般是 200~400W。

（3）高压升压器

为了提高动力系统的效率，选用一个升压器来提高变换输入的电压，这个部件是动力总成的一部分，集成在动力总成中（图 5-1-10）。如果采用锂电池作为动力电池，升压器是一个十分重要的部分。

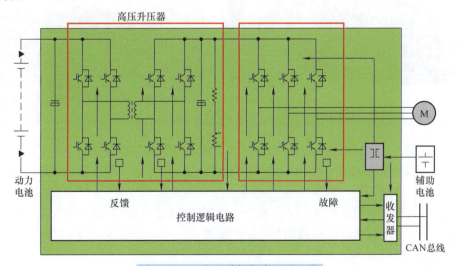

图 5-1-10　丰田普锐斯高压升压器

3. 典型车型的 DC/DC 变换器

（1）比亚迪 DC/DC 变换器

比亚迪 e6 的 DC/DC 变换器主要用于降压和升压控制功能，安装在前机舱内。

1）降压。负责将动力电池 318V 的高压电转换成 12V 电源。DC/DC 在主接触吸合时工作，输出的 12V 电源供给整车用电器工作，并且在低压电池亏电时给低压电池充电。

2）升压。当动力电池电量不足时，DC/DC 将发电机发出的电供整车低压用电器用电后多余的量经升压后给动力电池充电及空调用电。

比亚迪 e6 的 DC/DC 变换器位置与接口连接关系如图 5-1-11 所示。

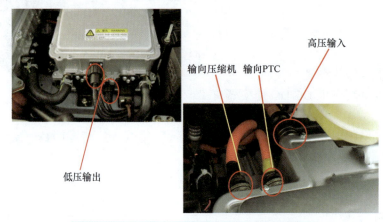

图 5-1-11　DC/DC 变换器位置与接口连接关系

比亚迪秦混合动力汽车 DC/DC 变换器与驱动电机控制器安装在一起，位置与接口连接关系如图 5-1-12 所示。

图 5-1-12　比亚迪秦 DC/DC 变换器位置（与驱动电机控制器一体）

① 纯电模式下，DC/DC 变换器的功能替代了传统汽车挂接在发动机上的 12V 发电机，和蓄电池并联给各用电器提供低压电源。DC/DC 在高压（500V）输入端接触器吸合后便开始工作，输出电压标称 13.5V。

② 发动机起动发电机发出 13.5V 直流电，经过 DC/DC 升压转换成 500V 直流给动力电池充电。如图 5-1-13 是 DC/DC 变换器的控制原理框图。

（2）丰田普锐斯 DC/DC 变换

普锐斯混合动力汽车的 DC/DC 变换器内置于变频器中，并由内部控制线路实现操控。高压从一侧与内部控制线路连接，内部控制线路控制晶体管。12V 直流电输出直接给备用电池充电，在备用电池短路时保护 DC/DC 变换器，变换器可以通过输出端子测量实际输出电压的一个反馈信号。

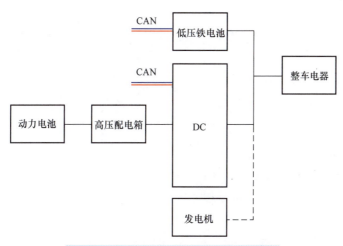

图 5-1-13　DC/DC 变换器控制原理框图

其基本工作过程与原理如图 5-1-14 和图 5-1-15 所示。

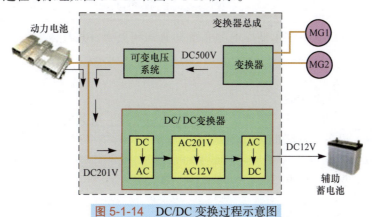

图 5-1-14　DC/DC 变换过程示意图

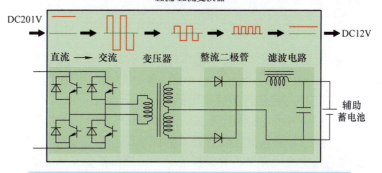

图 5-1-15　丰田普锐斯混合动力汽车 DC/DC 变换原理示意图

（3）北汽新能源汽车 DC/DC 变换器

北汽新能源汽车 E150EV 的 DC/DC 变换器和其他大部分车型 DC/DC 变换器均集成在 PDU

内部。

DC/DC 变换器将动力电池或充电机输出的高压电转为低压电给蓄电池充电及低压系统供电。其技术参数见表 5-1-1。

表 5-1-1　北汽 E150EV DC/DC 变换器技术参数表

项　目	参　数
输入电压	直流 240~410V
输出电压	直流 14V
效率	峰值大于 88%
冷却方式	风冷
防护等级	IP67

DC/DC 变换器的工作过程如下：
1）ON 档电源或充电唤醒信号输入 VCU。
2）动力电池完成高压系统预充电流程。
3）VCU 发给 DC/DC 变换器使能信号。
4）DC/DC 变换器开始工作。

三、任务实施

1. 实施要求

本任务主要学习新能源汽车低压电源系统的认知和更换。其具体内容是低压蓄电池拆装（荣威 e50）。

2. 实施准备

1）防护装备：安全防护装备。
2）车辆、台架、总成：北汽新能源 EV150 整车或台架，或其他车型整车或台架。
3）专用工具、设备：绝缘拆装组合工具。
4）手工工具：无。
5）辅助材料：警示标示和设备；绝缘地胶；清洁剂。

3. 实施步骤

下面以荣威 e50 为例介绍辅助蓄电池拆装。

（1）拆卸

➜ **警告：**

① 禁止未参加该车型高压系统知识培训的维修人员拆解高压系统（包括手动维修开关、高压电池包、驱动电机、电力电子箱、高压配电单元、高压线束、电空调压缩机、交流充电口和交流充电线、快速充电口、电加热器、慢速充电器）。

② 当拆解或装配高压配件时，必须断开 12V 电源和高压电池包上的手动维修开关。

③ 在开始维修作业前，维修人员必须穿戴好劳保用品：戴好绝缘手套，穿好高压绝缘鞋。在戴绝缘手套前，必须检查绝缘手套是否有破损的地方，确保手套无绝缘失效。

注意： 在安装和拆卸的过程中，应防止制动液、洗涤液、冷却液等液体进入或飞溅到高压部件上。

1）关闭点火钥匙，车辆静置 5min 以上，才可进行拆卸作业。

注意：正常情况下，在钥匙开关关闭后，高压系统还存在高压电，这是因为电动机控制器中高压电容的存在造成的。需要经过一段时间的等待，高压电容中的电能才能完全释放。

2）断开蓄电池负极电缆，如图 5-1-16 所示。
3）断开蓄电池正极电缆。
4）拆下手动维修开关。

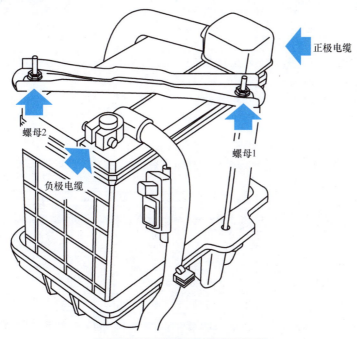

图 5-1-16　荣威 e50 辅助蓄电池

5）略微松开固定于蓄电池压板上的螺母 1 和螺母 2。
6）卸下螺母 1，取出蓄电池压板一端的同时，将螺母 1 拧回长螺栓。

注意：一旦取下固定于蓄电池压板的螺母，请及时拧上螺母，防止长螺栓滑落。

7）卸下螺母 2，取出蓄电池压板另一端的同时，将螺母 2 拧回长螺栓。
8）拆下蓄电池压板。
9）取出蓄电池。
（2）安装

→ **警告**：
　　在高压系统：高压电池包、驱动电机、电力电子箱、高压配电单元、电空调压缩机、慢速充电器、电加热器、交流充电口和交流充电线、快速充电口、高压线束全部安装（包括所有连接器的连接）完成之前，必须确保蓄电池的负极电缆始终处于断开状态，手动维修开关处于断开位置。

1）将蓄电池放置到蓄电池托盘适当位置。
2）将蓄电池压板穿入固定在蓄电池托盘上的 2 个长螺栓。
3）将 2 个螺母固定到长螺栓上，拧紧至 7~10N·m，并检查力矩。
4）安装手动维修开关。
5）连接两根蓄电池电缆。先连接正极电缆，再连接负极电缆。

四、任务考核

学习目标	考核题目（判断题每题 1 分，单选题每题 2 分）	得分
知识目标	1）传统的燃油汽车的电源是蓄电池和发电机，发动机未起动或起动时由蓄电池供电，起动以后则由发电机供电，同时为蓄电池充电。（　）	
	2）新能源汽车低压电源供给是将动力电池的电能通过 DC/AC 变换为 12V 低压电源。（　）	
	3）下面说法有误的是（　）。 A. 传统汽车的交流发电机利用发动机的旋转发电，发出的电提供给用电器并为蓄电池充电 B. 纯电动汽车以动力电池为电源，能够利用 AC/AC 变换器为低压蓄电池充电，从而可以省去原来的交流发电机 C. 纯电动汽车的电源分为主电源和辅助电源 D. 纯电动汽车的辅助电源（低压的铅酸蓄电池）是指车载各种仪表、控制系统提供的直流低压电源	
	1）下面说法有误的是（　）。 A. 混合动力汽车和纯电动汽车理论上说也可以省去低压的蓄电池，但实际上还是保留了蓄电池 B. 在新能源上保留蓄电池主要有 2 个原因：一是保留低压的蓄电池更能够降低车辆的成本；二是确保电源的冗余度 C. 常用的 12V 低压蓄电池主要分为 2 类：普通蓄电池、免维护蓄电池 D. 目前汽车上使用的基本上都是免维护的铅酸蓄电池	
	2）无论是传统汽车、混合动力汽车，还是纯电动汽车，都离不开蓄电池。（　）	
	3）新能源汽车，特别是纯电动汽车，低压蓄电池不需要给起动机提供起动时的大电流，容量变小，此外结构和类型也与传统汽车有所区别。（　）	
	1）DC/DC 变换器是新能源汽车一个非常重要的部件，DC/DC 变换器将一个不受控制的输入直流电压变换成为另一个受控的输出直流电压称之为 DC/DC 变换。（　）	
	2）新能源汽车里的 DC/DC 变换器的功能相当于传统燃油汽车中的发电机。（　）	
	3）目前在新能源汽车里 DC/DC 有（　）种类型。 A. 5　　B. 2　　C. 4　　D. 3	
技能目标	1）只要关闭点火钥匙，就可以拆卸蓄电池。（　）	
	2）拆卸荣威 e50 的手动维修开关，不需要佩戴绝缘手套。（　）	
	3）下面不需要佩戴绝缘手套拆装的是（　）。 A. 动力电池　　B.DC/DC　　C. 驱动电机　　D. 前照灯	

总分：　　　分

教师评语：

项目五 新能源汽车低压电源系统   131

任务二 新能源汽车低压电源系统检修

学习目标

◎ **知识目标**

1. 能够描述新能源汽车低压电源系统与传统汽车的区别。

2. 能够描述新能源汽车低压蓄电池的特点。

3. 能够描述新能源汽车 DC/DC 变换器的功能和原理。

◎ **技能目标**

1. 能够进行新能源汽车低压蓄电池的认识和更换。

2. 能够进行新能源汽车 DC/DC 变换器的认识和更换。

一、任务导入

一辆纯电动汽车因故障需要 12V 低压蓄电池,你的主管要求你进一步检测低压电源系统,你能完成这个任务吗?

二、获取信息

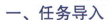 新能源汽车低压电源系统由哪些部件组成?

1. 低压电源系统的结构组成

以北汽新能源 EV 系列纯电动汽车为例,介绍新能源汽车 12V 电源系统管理系统的结构。

北汽新能源汽车 12V 电源管理系统由低压电源管理单元(PMU)控制,主要的低压部件如图 5-2-1 所示。

2. 低压电源系统的控制功能

(1) 低压电池管理单元

低压电池管理单元用胶带捆绑固定在蓄电池负极电缆,ECU(模块)本身包含电压、电流、温度传感器,这些传感器用来采集蓄电池的工作状态,如图 5-2-2 所示。

PMU 通过传感器采集蓄电池电压、电流、温度信息,对蓄电池状态进行计算,并且获得整车的用电器工作状态和 DC/DC 工作状态,实现整车供电系统对蓄电池的动态电量平衡、节能模式、智能充电等功能。

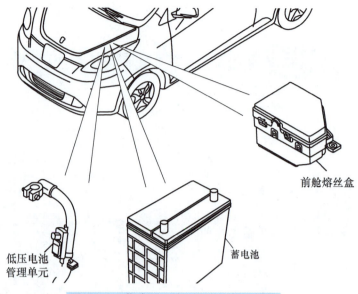

图 5-2-1 荣威 e50 前机舱主要低压部件

PMU 插接件 BY011 端视图如图 5-2-3 所示。PMU 插接件 BY011 端子定义见表 5-2-1。

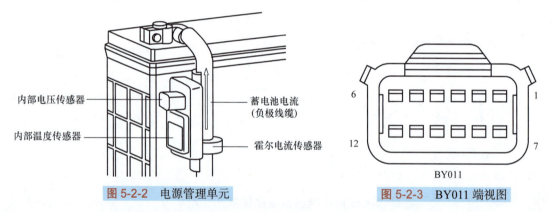

图 5-2-2 电源管理单元　　　　图 5-2-3 BY011 端视图

表 5-2-1　PMU 插接件 BY011 端子定义表

端子号	描述	端子号	描述
1	电源管理单元模块供电（B+）	7	蓄电池电压读取（+）
2	—	8	点火开关位置信号（IGN）
3	慢充信号	9	点火开关位置信号（ST）
4	蓄电池电压读取（-）	10	点火开关位置信号（ACC）
5	电源管理单元模块接地（GND）	11	高速 CAN1 低电平（CAN1L）
6	—	12	高速 CAN1 高电平（CAN1H）

（2）动态电量平衡功能

如果用电器全开，在这种情况下，蓄电池会不断放电，最终导致蓄电池亏电，造成下次无法起动。针对电动汽车，会造成电子转向系统，电子真空泵等瞬间大功率工作的安全性电器无法得到稳定的供电。

通常情况下，只能通过增加电源（DC/DC）的输出能力来实现供电和用电的平衡（电量平衡）。但是这样会造成零件成本上升很多。

动态电量平衡是指，在上述情况下，由 PMU 发出电源风险等级信号，部分舒适性用电器收到信号后，根据等级自动降低部分功率，使供电和用电达到平衡，实现动态的电量平衡。

（3）节能模式

传统汽车发电机输出的电压是固定值，一般在 14.5V 左右。对于纯电动车而言，PMU 具有的节能模式，能够在蓄电池电量较足，不需要继续充电的情况下，通过将 DC/DC 的供电电压降到 13V 左右（对蓄电池而言，是略高于满电状态时的电压），降低整车供电电压，从而可以降低部分用电器工作电流和功率（例如 14.5V、100A 变成 13V、95A，功率降低 15%）；蓄电池充电电流几乎为零，对于 DC/DC 而言，供电的功率降低（例如从 14.5V、110A 降低到 13V、97A，功率降低 21%）。

（4）智能充电模式与蓄电池运作

智能充电模式，是指给蓄电池的充电电压会根据蓄电池的状态不同而变化，例如蓄电池电量较低时，为了保证下次顺利起动和供电电压的平稳，会适当提高充电电压，加快充电进行。在蓄电池电量较高时，会适当降低充电电压，降低整车功耗。经常处于小电流充电对于蓄电池的使用寿命有一定好处。

蓄电池使用"钙膨胀"技术，它的正负极是可膨胀的铅钙合金格栅。此技术改进了金属板组的机械完整性和耐久性，与以前的技术相比降低了水分损失。

蓄电池是完全密封的，但是顶盖上有通风孔，允许蓄电池过量充电时产生的氧气和氢气排出以降低蓄电池内部压力。

如果在排除外因、判定为蓄电池内部损坏的情况下，不要试图充电，不可使用蓄电池起动车辆。

> **引导问题 2** 新能源汽车低压电源系统有哪些常见的故障？如何检修？

1. 低压蓄电池亏电对整车的影响

新能源汽车，不管是强混、插电/增程式混合动力，还是纯电动汽车，整个系统架构上都用 DC/DC 来取代原有的发电机，用高压的电动机直接驱动车辆。整个 12V 低压电气架构的改变，使得原有 12V 蓄电池的使用特性产生了改变，它的作用就只变成了一个辅助能量单元，而不需要提供瞬时的高功率了。在较早的普锐斯混合动力车型上，12V 电池就已经转换为 AGM（Absorbent Glass Mat，可吸收玻璃纤维网）型电池，如图 5-2-4 所示。

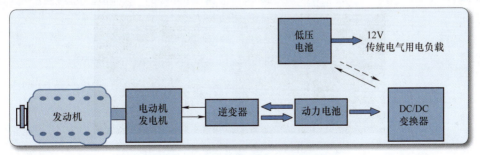

图 5-2-4 混合动力汽车 12V 电源系统

DC/DC 由于本身是电子控制部件，对电流和电压均可进行较精确地控制，所以可以实现对 12V 电池的能量管理，在这样的条件下，某些整车企业已经用 12V 锂电池代替原有的铅酸电池。

实际上，正是由于新能源汽车整个系统结构，特别是控制结构相对传统车要复杂一些，使得12V总线上的模块较多。我们可以预见以下几方面因素：

1) ECU模块较多，假定传统的模块设定为1~5mA，总体的静态电流较大。

2) ECU模块较多，CAN网络的睡眠唤醒机制较为复杂，特别是充电（快充和慢冲）的时候，导致12V的蓄电池在传统停置的时候，需要给电较多。

3) 模块的控制逻辑，特别是因为接入车联网的监控需求，使得车辆电子系统的逻辑跳转变得相对脆弱，可能在某些状态下没办法完全让车辆"休眠"。

根据这些判断以及车辆在使用过程中的投诉，有的问题出现概率较高，如在车辆不用一段时间（几天或者一周以上），可能即使在动力电池满电的情况下，车辆却起动不了。

原因主要是，虽然控制模块正常工作电压通常是9~16V，亏电的铅酸/AGM电池一旦输出电流，电压就会持续往下掉，而使得DC/DC给电池补电的通路本身就需要12V电池来吸合控制继电器的线圈来维持触点闭合。所以按照以往的经验，可以用蓄电池"跨接起动"，等车辆起动后，蓄电池移走以后，车辆控制系统全部继续掉电关闭，这是因为动力电池维持输出需要保证接触器有足够的保持电压和电流供给，一旦蓄电池供电继续不足，这个系统还是无法正常工作。

关于这个问题，这里有一些解决办法：

1) 当发生故障时，用额外的电池需要给车辆供一段时间的电，将车辆高压系统起动起来，让DC/DC对电池进行一段时间的补电。

2) 利用车联网系统进行监控，当它工作给后台发送信息时，可以加入12V电压的信息，如果出现电压降低可以通知消费者。一般传统汽车在设计时，新电池能满足90天以上的长期停放时间，而纯电动汽车因为耗电量大，可能达不到这个时间。

3) 在设计车辆时，还需要做静态电流控制和系统验证，以避免电力不足的情况发生。德国一些汽车厂家给48V电源系统配置的时候，采用了强制充电的模式，在车辆设计时这值得借鉴。

2. 新能源汽车低压电源系统故障诊断与检修

下面以北汽EV系列纯电动汽车为例，介绍12V低压电源系统故障诊断与检修方法，其他型号的车辆请参照相关的维修手册或资料。

（1）12V蓄电池故障

1) 故障现象。点火开关置于ON档，仪表显示蓄电池故障，故障灯点亮，如图5-2-5所示。

图5-2-5　蓄电池故障灯点亮

2) 可能原因。蓄电池本身故障、DC/DC变换器故障或DC/DC与蓄电池连接电路故障。

3) 检查与排除方法。

① 检查蓄电池电压值是否正常。

② 检查低压熔丝盒内 DC/DC 的熔丝是否正常。
③ 检查 DC/DC 电源正负极供电电路是否正常。
④ 检查高压控制盒对接高压线束插接件的电路是否正常。
⑤ 检查 DC/DC 变换器输出端的搭铁线负极插接件端子是否正常。
如果不正常，进行更换或检修。

4）故障分析。蓄电池出现故障主要有两个原因：
① 蓄电池本身故障储能下降。蓄电池的检测比较简单，只要有专用检测仪或高频放电计就可以确定蓄电池的性能。
② DC/DC 系统故障无法给蓄电池充电。新能源汽车是利用动力电池的高压直流电通过 DC/DC 变换成低压直流电给其他低压电器供电，同时给蓄电池充电。当整车电器使用的功率大于 DC/DC 输出功率时，蓄电池协助 DC/DC 供电而满足电能的需求。从以上检查过程可以看出，DC/DC 检查的主要是其本身是否能正常工作，其次检查高压直流电源输入和低压输出的电路。

（2）DC/DC 故障

DC/DC 发生故障，利用故障检测仪器读取 ECU 存储的 DTC（故障码），会读取到 "P1792" DC/DC 故障和 "P1796" DC/DC 驱动通道对电源短路故障等故障码，见表 5-2-2。

表 5-2-2　DC/DC 故障码说明表

DTC	DTC 定义	DTC 检测条件	故障现象	可能的故障原因
P1792	DC/DC 故障	钥匙门至 ON/START 档	仪表蓄电池故障指示灯亮	DC/DC 故障
P1796	DC/DC 驱动通道对电源短路故障	钥匙门至 ON/START 档	DC/DC 线束短路	DC/DC 线束与插头故障

1）P1792 DC/DC 故障检测步骤。
① 使用电动汽车专用故障检测仪清除故障码。
a. 是。车辆重新起动，故障消失，车辆恢复正常。
b. 否。进行第②步。
② 将点火开关置于 ON 档，使用万用表电压档测量检查 DC/DC 输出电压是否异常（正常输出电压 13.2~13.5V）。
a. 是。修复或更换 DC/DC。
b. 否。进行第③步。
③ 检测高压控制盒中的 DC/DC 高压熔丝是否熔断。
a. 是。更换高压熔丝，车辆恢复正常。
b. 否。进行第④步。
④ 检测高压熔丝至 DC/DC 之间的插头及线束是否异常。
a. 是。维修或更换线束及插头。
b. 否。进行第⑤步。
⑤ 检查 DC/DC 低压输出线至低压蓄电池之间的线束是否正常。
a. 是。更换 DC/DC，车辆恢复正常。
b. 否。维修或更换线束及插头。

2）P1796 DC/DC 驱动通道对电源短路故障检测步骤
① 检查 DC/DC 控制插头 14 中的端子 1 至低压熔丝盒中的 DC/DC 控制继电器中的 23 号线束是否导通。

a. 是。进行第②步。

b. 否。修复线束。

② 检查 DC/DC 控制插头 14 中的端子 2 至仪表 12 端子、整车控制器 24~60 端子之间的线束是否导通。

a. 是。进行第③步。

b. 否。修复线束。

DC/DC 控制插头和 ECU 端子图分别如图 5-2-6 和图 5-2-7 所示。

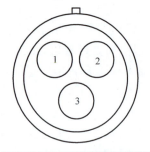

图 5-2-6　DC/DC 控制插头

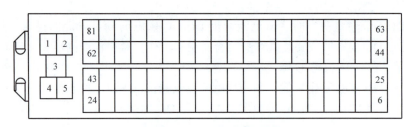

图 5-2-7　DC/DC ECU 示意图

③ 检查 DC/DC 变换器。经过以上检修以后，使用电动汽车专用故障检测仪清除故障码。

a. 是。重新起动，车辆恢复正常。

b. 否。更换 DC/DC 变换器。

3）DC/DC 变换器快速检查诊断表，见表 5-2-3。

表 5-2-3　DC/DC 变换器快速检查诊断表

序号	检查步骤	检查结果		
0	初步检查	正常	有故障	操作方法
	检查熔丝是否熔断	检查第 1 步	熔丝熔断	更换熔丝
1	检查高压熔丝	正常	有故障	操作方法
	检查高压熔丝是否熔断	检查第 2 步	高压熔丝熔断	更换高压熔丝
2	检查继电器	正常	有故障	操作方法
	检查 DC/DC 继电器是否损坏	检查第 3 步	DC/DC 继电器损坏	更换 DC/DC 继电器
3	检查控制器（VCU）	正常	有故障	操作方法
	检查控制器（VCU）是否损坏	检查第 4 步	控制器（VCU）损坏	更换控制器（VCU）
4	检查 DC/DC 变换器电路	正常	有故障	操作方法
	检查 DC/DC 变换器供电是否正常	检查第 5 步	DC/DC 变换器短路或断路	维修供电线路
5	检查 DC/DC 变换器	正常	有故障	操作方法
	检查 DC/DC 变换器是否损坏	检查第 6 步	DC/DC 变换器损坏	更换 DC/DC 变换器
6	检查操作	正常	有故障	操作方法
	正确检修操作后，检查故障是否出现	诊断结束	故障未消失	从其他症状查找故障原因

4）DC/DC 变换器接口定义

北汽 EV 系列纯电动汽车 DC/DC 变换器接口如图 5-2-8 所示。接口定义见表 5-2-4。

图 5-2-8　DC/DC 变换器接口

表 5-2-4　DC/DC 变换器接口定义

端子号	端子功能	线束走向
HT2		
A	直流输入 −	高压控制盒
B	直流输入 +	高压控制盒
T3a		
1	12V 输入	低压控制盒
2	故障报警线	整车控制器
3	负极输入	接地点
TA		
+Vout	12V 输出	低压蓄电池正极
TB		
−Vout	12V 输出	低压蓄电池负极

三、任务实施

1. 实施要求

本任务主要学习新能源汽车低压电源系统的检测和更换。内容包括 PDU 的检测和更换（北汽 EV160）。

2. 实施准备

1）防护装备：安全防护装备。

2）车辆、台架、总成：北汽新能源 EV150、EV160 整车或台架，或其他车型整车或台架。

3）专用工具、设备：无。

4）手工工具：绝缘拆装组合工具。

5）辅助材料：警示标示和设备；绝缘地胶；清洁剂。

3. 实施步骤

（1）拆卸 PDU 总成。

拆卸 PDU 总成

1）选用 10mm 扳手拧松蓄电池负极线固定螺栓，取下负极线，并对负极端子做好防护，如图 5-2-9 所示。

图 5-2-9　拆卸蓄电池负极端子

注意事项：
① 拆卸蓄电池负极前，必须确保点火开关处于关闭状态，并将车钥匙放在口袋。
② 必须等待 15min 后方可进行下一步操作。
③ 拆卸高压零部件前，必须做好防护措施。
④ 拆卸高压零件时，必须使用绝缘工具。

2）使用绝缘一字螺钉旋具拆卸 PDU 12V 线束三个固定卡扣，如图 5-2-10 所示。

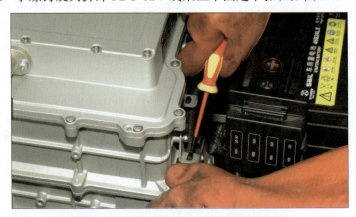

图 5-2-10　拆卸 PDU 12V 线束固定卡扣

3）取下低压蓄电池正极端口防护盖。
4）使用绝缘 13mm 扳手拆卸 PDU 12V 线束固定螺栓，如图 5-2-11 所示。
5）拆卸低压蓄电池正极固定螺栓，并取出。
6）使用绝缘十字螺钉旋具，拆松 PDU 电子分配单元低压搭铁线束固定螺栓。
7）旋出 PDU 电子分配单元低压搭铁线束固定螺栓，并取出。
8）使用绝缘一字螺钉旋具，拆卸低压插接件、控制线束插接器并取下。
9）拆卸慢充高压线束插接器。
10）拆卸空调高压线束插接器，如图 5-2-12 所示。

图 5-2-11 拆卸 PDU 12V 线束固定螺栓

图 5-2-12 拆卸空调高压线束插接器

11）拆卸高压 PTC 加热控制模块线束插接器，如图 5-2-13 所示。

图 5-2-13 拆卸高压 PTC 加热控制模块线束插接器

12）使用绝缘工具（选用棘轮扳手、接杆和 T30 套筒）拧松 PDU 动力电池组高压线束固定螺栓。

13）旋出动力电池组高压线束固定螺栓，并取下。

14）选用棘轮扳手、接杆和 T30 套筒拆下电机控制器高压线束固定螺栓。

15）取出电动机控制器高压线。

16）选用棘轮扳手、接杆和 T30 套筒拆下快充高压线线束固定螺栓。

17）取出快速充电高压线线束，如图 5-2-14 所示。

图 5-2-14 取出快速充电高压线线束

18）使用电工胶布包裹快速充电高压线束插接器、空调泵高压线线束插接器、永磁同步电机控制器高压线束插接器、动力电池组高压线束插接器，如图 5-2-15 所示。

图 5-2-15　用电工胶布做保护

19）使用电工胶布包裹 PDU 快充接头、PDU 电动压缩机接头、PDU 驱动电机控制器线缆接头、PDU 动力电池线缆头。

20）使用鲤鱼钳脱开 PDU 进水管卡箍，并拆下 PDU 进水管。

21）使用鲤鱼钳脱开 PDU 出水管卡箍，并拆下 PDU 出水管。

22）选用棘轮扳手、接杆和 13mm 套筒拆下四颗 PDU 总成固定螺栓。

23）两名维修人员协作取下 PDU 电子分配单元总成，如图 5-2-16 所示。

图 5-2-16　取下 PDU 电子分配单元总成

24）在干净、干燥环境下存放 PDU 电子分配单元总成。

25）6S

① 整理。

② 整顿。

③ 清扫。

④ 清洁。

⑤ 素养。

⑥ 安全。

（2）安装 PDU 总成

1）两名维修人员协作将 PDU 总成安装到车上，如图 5-2-17 所示。

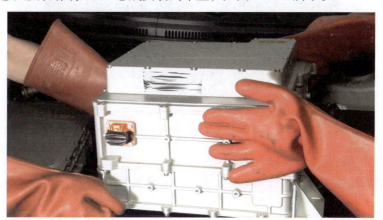

图 5-2-17　两名维修人员协作将 PDU 总成安装到车上

2）选用接杆和 13mm 套筒安装 PDU 总成四颗固定螺栓。

拧紧力矩：20N·m。

3）安装 PDU 总成出水管。

4）使用鲤鱼钳安装卡箍，并安装到位。

5）安装 PDU 总成进水管。

6）使用鲤鱼钳安装卡箍，并安装到位。

7）安装 PDU 慢充高压线插接器。

注意事项：

在维修新能源汽车时，所有黄色高压线都有高压互锁装置，需互锁到位。

8）安装低压插接件控制线束端口。

9）安装 PTC 加热控制模块线束插接器，如图 5-2-18 所示。

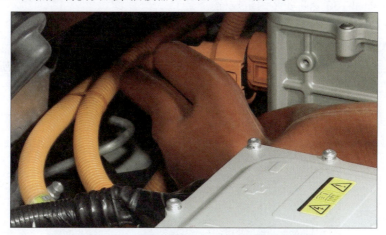

图 5-2-18　安装 PTC 加热控制模块线束插接器

10）安装驱动电机控制器高压线缆，如图 5-2-19 所示。

图 5-2-19　安装驱动电机控制器高压线缆

11）安装电机控制器高压线接头固定螺栓。

12）使用绝缘工具（选用接杆和 T30 套筒）安装旋紧固定螺栓。

拧紧力矩：6N·m。

13）安装 PDU 动力电池高压线缆，如图 5-2-20 所示。

图 5-2-20　安装 PDU 动力电池高压线缆

14）安装动力电池高压线缆固定螺栓。

15）选用接杆和 T30 套筒安装固定螺栓。

拧紧力矩：6N·m。

16）安装快速充电高压线线缆。

17）选用接杆和 T30 套筒安装快速充电高压线线缆固定螺栓，如图 5-2-21 所示。

图 5-2-21　安装快速充电高压线线缆固定螺栓

拧紧力矩：6N·m。

18）安装电动压缩机高压线缆插接器，如图 5-2-22 所示。

19）安装 PDU 总成低压搭铁线束固定螺栓。

拧紧力矩：5N·m。

20）安装 PDU 12V 线束卡扣，如图 5-2-23 所示。

图 5-2-22　安装电动压缩机高压线缆插接器

图 5-2-23　安装 PDU 12V 线束卡扣

21）使用绝缘 13mm 开口扳手安装 PDU 低压蓄电池正极线束固定螺栓，如图 5-2-24 所示。

拧紧力矩：6N·m。

图 5-2-24　安装 PDU 低压蓄电池正极线束固定螺栓

22）清除防护胶带。

23）安装蓄电池负极。

24）使用 10mm 扳手安装负极线固定螺栓。

拧紧力矩：10N·m。

（3）6S

1）整理。

2）整顿。

3）清扫。

4）清洁。

5）素养。

6）安全。

四、任务考核

学习目标		考核题目（判断题每题1分，单选题每题2分）	得　分
知识目标	1	1）北汽新能源汽车12V电源管理系统由低压电源管理单元（PMU）控制。（　）	
		2）低压电池管理单元（PMU）用胶带捆绑固定在蓄电池负极电缆，控制单元（模块）本身包含电压、电流、温度传感器，这些传感器用来采集蓄电池的工作状态。（　）	
		3）PMU通过传感器采集蓄电池电压、电流、温度信息，对蓄电池状态进行计算，并且获得整车的用电器工作状态和DC/DC工作状态，实现整车供电系统对蓄电池的动态电量平衡、节能模式、智能充电等功能。（　）	
		4）动态电量平衡是指在上述情况下，由（　）发出电源风险等级信号，部分舒适性用电器收到信号后，根据等级自动降低部分功率，使供电和用电达到平衡，实现动态的电量平衡。 A. EPS　　B. ECU　　C. PMU　　D. EBD	
	2	1）新能源汽车，不管是强混、插电/增程式混合动力，还是纯电动汽车，整个系统架构上都用（　）来代替原有的发电机，用高压的电动机直接驱动车辆。 A. AC/AC　　B. DC/DC　　C. DC/AC　　D. 以上都不对	
		2）现在有少数汽车企业使用了12V的锂电池代替了原来的铅酸蓄电池。（　）	
		3）新能源汽车的控制结构要比传统的燃油车要复杂一些。（　）	
		4）关于蓄电池的故障主要有两个原因：一是蓄电池本身储能下载；二是DC/DC系统故障无法给蓄电池充电。（　）	
	3	1）DC/DC发生故障，利用故障检测仪器读取ECU存储的DTC（故障码），会读取到"P0001"DC/DC故障和"P0002"DC/DC驱动通道对电源断路故障等故障码。（　）	
		2）点火开关置于ON档，仪表显示蓄电池故障，系统故障灯点亮。可能的原因有（　）。 A. 蓄电池本身故障　　　　　　　B. DC/DC变换器故障 C. DC/DC与蓄电池连接电路故障　　D. 以上都对	
		3）北汽EV系列电动汽车DC/DC变换器接口HT2端子中A端子表示的含义是（　）。 A. 直流输入+　　B. 直流输出−　　C. 交流输出−　　D. 以上都不对	
技能目标		1）选用（　）mm扳手拧松蓄电池负极线固定螺栓，取下负极线，并对负极端子做好防护。 A. 8　　B. 12　　C. 14　　D. 10	
		2）拆卸蓄电池负极前，必须确保点火开关处于关闭状态，并将车钥匙放在口袋。必须等待（　）min后方可进行下一步操作。 A. 10　　B. 15　　C. 20　　D. 30	
		3）拆卸高压零部件前，必须做好防护措施，拆卸高压零件时，必须使用绝缘工具。（　）	
总分：		分	
教师评语：			

项目六 新能源汽车充电系统

项目描述

充电系统是纯电动汽车和插电式混合动力汽车重要的系统。

本项目主要学习新能源汽车充电系统,分为3个任务:

任务一　新能源汽车充电系统认知。

任务二　新能源汽车充电系统检修。

任务三　新能源汽车充电桩的安装与调试。

通过3个任务学习,了解新能源汽车充电系统的结构原理,掌握新能源汽车充电的基本方法和特点以及充电桩的使用和检修方法。

任务一　新能源汽车充电系统认知

学习目标

◎ 知识目标

1. 能够描述新能源汽车充电系统的组成。
2. 能够描述新能源汽车的充电方式及其特点。
3. 能够描述新能源汽车充电操作的注意事项。

◎ 技能目标

1. 能够进行充电操作。
2. 能够更换车载充电器。

一、任务导入

你所在4S店的销售顾问请你为客户介绍纯电动汽车日常充电的方式,你能完成这个任务吗?

二、获取信息

> **引导问题1** 新能源汽车充电系统由哪些结构组成?

1. 新能源汽车充电技术的概况

充电系统是新能源汽车主要的能源补给系统。新能源汽车,特别是纯电动汽车的充电技术,最关键的问题是如何高效率地快速充电。这关系到充电器的容量和性能,电网的承载能力和动力电池的承受能力等。随着动力电池充放电速度的不断提高,充电系统的性能也在不断地改进,以满足在各种应用情况下的快速充电需求。由于电力的储运和使用比汽油方便得多,充电设备的建造也呈现出多样性和灵活性,既可以为集中式的充电站,也可以设置在马路边、停车场、购物中心等任何方便停车的地方。除了固定充电装置以外,电动汽车还带有车载充电器,可以在夜间从家里的市电插座进行充电,甚至还可以在用电高峰期把电力逆变后返送回电网。目前根据不同的汽车动力电池电压和容量、充电速度要求,以及电网供电容量等因素的考量,固定充电器的容量一般在15~100kW的范围,输出电压一般为50~500V。车载充电器容量则在3kW左右。

目前,世界各国都在研究电动汽车的快速充电技术。欧洲已研发出10min充电可行驶100km的快速充电系统。美国也已经研发出了6min充电可以行驶100km的超快速充电系统。这些系统都采用国际通用的快速充电标准接口,输入电源可以用交流电,也可以用直流电。

由于快速充电系统需要强大的瞬时功率,所以在快速充电设施中电网的承载能力是一个关键的制约因素。如果想要把充电速度进一步提高,从普通电网直接供电基本上不可能。为了解决这个矛盾,技术人员正着手研发新一代带有储能缓冲环节的超快速充电系统。这项技术目前还处于早期发展阶段,但已经有示范系统展示。汽车在行驶中充电叫作在线充电,这也是技术人员将要研究和开发的技术之一。这种技术一旦实施,车载的电池容量将可以降低。随着电动汽车市场的迅速发展,这些技术一定会得到广泛的应用并产生巨大的经济效益。

2. 新能源汽车充电系统的组成

新能源汽车充电系统主要由充电桩、充电线束、车载充电机、高压控制盒、动力电池、DC/DC变换器、低压蓄电池以及各种高压线束和低压控制线束等组成。图6-1-1是新能源汽车充电系统示意图。

下面介绍新能源汽车充电系统的主要组成部分:充电桩和车载充电器。

(1)充电桩

充电桩作为新能源汽车充电系统的配套设施,有交流充电桩和直流充电桩。

1)交流充电桩。如图6-1-2所示,交流电动汽车充电桩,俗称"慢充",固定安装在电动汽车外,与交流电网连接,为电动汽车车载充电器(固定安装在电动汽车上的充电器)提供交流电源的供电装置。交流充电桩只提供电力输出,没有充电功能,需连接车载充电机为电动汽车充电,相当于只是起到控制电源的作用。

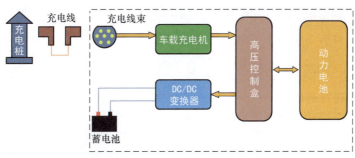

图 6-1-1 新能源汽车充电系统示意图

2）直流充电桩。如图 6-1-3 所示，直流电动汽车充电桩，俗称"快充"，固定安装在电动汽车外，与交流电网连接，可以为非车载电动汽车动力电池提供直流电源的供电装置。直流充电桩的输入电压采用三相四线交流 380V（±15%），频率为 50Hz，输出为可调直流电，直接为电动汽车的动力电池充电。

图 6-1-2 交流充电桩

图 6-1-3 直流充电桩

（2）车载充电机

车载充电机（也称车载充电器）如图 6-1-4 所示。车载充电机是充电系统的重要组成部分。

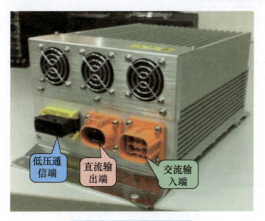

图 6-1-4 车载充电机

1）车载充电机的功能。车载充电机具备如下功能：

① 车载充电机将输入的 220V 交流电转换成直流电输出，为动力电池充电，实现动力电池电量的补给。

② 车载充电机工作过程需要与充电桩、BMS、VCU 等部件进行通信。

③ 车载充电机根据动力电池需求可调节输出功率。

④ 软关断功能。为了保证在电源切断时避免立即断电对电器模块造成大电压的冲击，增加了软关断控制器，给高压负载一个卸载时间。在钥匙从 ON 档关闭时，高压电源会延迟 3s 断电。

2）车载充电机的安装位置。图 6-1-5 是比亚迪 e6 车载充电机及充电系统组成部件的安装位置。

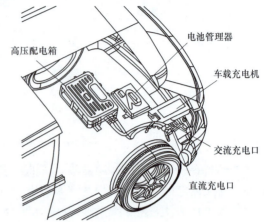

图 6-1-5　比亚迪 e6 充电系统组成部件的安装位置

有些厂家如北汽新能源生产的 EV160，将车载充电机、DC/DC 变换器、高压控制盒集成为一体（称 PDU），如图 6-1-6 所示。

图 6-1-6　北汽新能源的 PDU

3）车载充电机的电路。图 6-1-7 是比亚迪 e6 充电系统电路图。

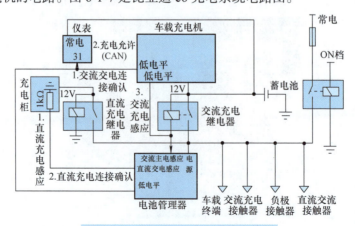

图 6-1-7　比亚迪 e6 充电系统电路图

图 6-1-8 是比亚迪 e6 车载充电机的线束功能图。

图 6-1-8　比亚迪 e6 车载充电机线束功能图

图 6-1-9 是比亚迪 e6 车载充电机接线端子功能图。

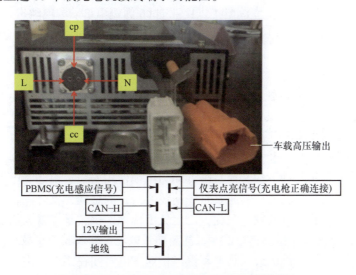

图 6-1-9　比亚迪 e6 车载充电机端子功能图

4）车载充电机技术参数。比亚迪 e6 车载充电机的技术参数见表 6-1-1。

表 6-1-1　比亚迪 e6 车载充电机技术参数

项　　目	参　　数	备　　注
输入电压	交流 220V	
输入电流	交流额定 14A	满功率充电：使用 16A 以上充电桩或类似设备
高压输出	直流 200~400V	给高压动力电池充电
低压输出	直流 12V	给低压蓄电池充电

北汽 EV 系列车载充电机的技术参数见表 6-1-2。

表 6-1-2　北汽 EV 系列车载充电机的技术参数

项　　目	参　　数	备　　注
输入电压	交流 220V	
输出电压	直流 240~410V	
功率	3.3kW	
输入电流	12A	
输出电流	8A	

> **引导问题 2**　新能源汽车有哪些充电方式？

1. 新能源汽车的充电方式

新能源汽车动力电池充电的方式主要有快速充电（直流快充）和常规充电（交流慢充）。直流快充与交流慢充方式的区别如下：

直流快电（简称快充）主要是通过充电站的充电桩将直流高压电直接通过直流充电口给动力电池充电。

交流慢电（简称慢充）主要是通过家用电源插头和交流充电桩接入交流充电口，通过车载充电机将 220V 交流电转为 330V 直流电（以比亚迪 e6 为例）给动力电池进行充电。

在一些特定的情况下，可以为新能源汽车更换已经充满电的动力电池，更换下来的电池再单独进行充电备用。

2. 快速充电

快充的使用操作

快速充电又称直流快充或应急充电，是以较大直流电流短时间在电动汽车停车的 20min 至 2h 内，为其提供短时间充电服务，一般充电电流为 150~400 A。

快速充电模式的优点是充电时间短。

但是，相对常规充电模式，快速充电也存在一些缺点：

1）"快充"实际并不快，而且降低动力电池使用寿命。由于受电池技术影响，目前电动汽车使用最多的就是锂电池。锂元素是比钠还要活跃的金属元素之一，快充易使锂元素太过活跃，从而使电池中的电解液发生沉淀，产生气泡现象，也就是平常人们所看到的电池身上易凸起"小包"，摸上去有手感发热等情况，甚至导致电池爆炸等安全事故，因此充电电流不宜过大。目前市面上各大厂商都在鼓吹其电动汽车快速充电时间在 10min 左右，实际上以目前技术来看都不现实。以比亚迪 e6 纯电动汽车为例，这款电动汽车采用磷酸铁锂电池，其快速安全充电模式充电时间仍然需要 2h。

电动汽车充电快慢与充电器功率、电池充电特性和温度等紧密相关。在当前电池技术水平下，即使快充也需要 30min 充电到电池容量的 80%，超过 80% 后，为保护电池安全，在充电电流必须变小，充到 100% 的时间将较长。此外，在冬天气温较低时，电池要求充电电流变小，充电时间会变得更长些。

传统加油站汽车加油整个流程为 5~8min，充电站如果无法提供 15min 以内的快充服务，基本就失去了其社会基础建设的功能性。

2）充电站成本较高，盈利模式值得商榷。目前直流充电方式的充电价格在 2 元/W 左右。以一个充电站 1000kW 的容量计算，加上送变电设施、铺设专用电缆以及新建监控系统等，不包括建设用地成本，一个充电站的成本在 300~500 万元。这样的高成本，在电动汽车还没完全普及的情况下，是难以维持充电站的运营的。

直流充电关键技术如下：

1）高性能直流充电器技术：效率、谐波、使用寿命。

2）直流充电环境适应性技术：宽的温度范围、户外使用时凝露、风沙防护等。

3）安全防护技术：漏电、短路防护、误插拔防护、断线防护、倾倒防护、防误操作、防止带电插拔等。

4）充电器的高互换性技术：物理接口、电气接口、通信协议的高度兼容互换。

5）直流充电与电网的接口、有序充电以及与电网的互动技术。

3. 常规充电

蓄电池在放电终止后，应立即充电（在特殊情况下也不应超过 24h）。常规充电电流相当低，约为 15A，这种充电叫作常规充电（交流慢充或慢速充电）。常规蓄电池的充电方法都采用小电流的恒压或恒流充电，一般充电时间为 5~8h，甚至长达 10~20h。这种充电方式是利用车载充电机，接 220V 交流电即可。

慢充的使用操作

（1）常规充电适用情况

常规充电的方式适用情况如下：

1）用户对电动汽车的行驶里程要求相对较低，车辆行驶里程能满足用户1天使用需要，利用晚间停驶时间可以完成充电。

2）常规充电电流和功率比较小，因此在居民区、停车场和公共充电站都可以进行充电。

3）规模较大的集中充电站，能够同时为多辆电动乘用车提供停车场地并进行充电。

（2）常规充电优点

常规充电模式的优点如下：

1）尽管充电时间较长，但因为所用功率和电流的额定值并不关键，因此充电器和安装成本比较低。目前国内厂商提供的交流充电桩价格在每个约 2.5 万元，一旦市场形成规模化，成本可以控制在每个 5000 元以内。图 6-1-10 为壁挂式交流充电桩，可安装在车库内使用。

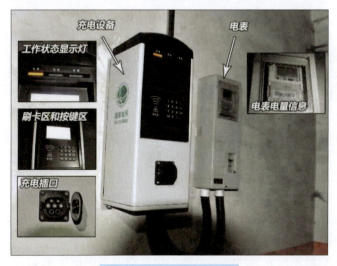

图 6-1-10 壁挂式充电桩

2）可充分利用电力低谷时段进行充电，降低充电成本。目前，我国发电量和装机容量均已居世界第二位,电力装机容量达到 8 亿 kW,电网的高峰负荷增长很快,峰谷差逐年拉大,造成发电资源的很大闲置。电动汽车依靠充电桩可以在夜间低谷充电(北京电网峰谷差达 40%),有利于改善电网运行质量,减少电网为平衡峰谷差投入的费用,可以说基本上不增加电网的负荷,汽车和电网双赢。

3)可提高充电效率和延长电池的使用寿命。与快速充电相反,常规充电的充电电流小,有利于提高充电效率和延长电池的使用寿命。

常规充电模式的主要缺点为充电时间过长,难以满足车辆紧急运行的需求。此外,中国城市的建筑密度也无法满足电动汽车对充电桩的需求,中国城市建筑结构以高楼为主,地面停车场数量有限,这样会造成有的车充不上电的情况。这种充电模式通常适用于续驶里程大的电动汽车,可满足车辆一天的行驶需要,仅仅利用晚间停驶时间进行充电即可以的情况。

(3)常规充电关键技术

常规交流充电关键技术如下:

1)各种恶劣环境的适应性技术。高低温、高热、高湿、风沙、凝露、雨水;露天/市内使用等。

2)充电安全防护技术。漏电、短路、误插拔防护、断线防护、倾倒防护、防误操作等。

3)充电桩高互换性技术。物理接口、电气接口、通信协议等,实现充电桩和电动汽车充电的兼容互换。

4)灵活的计量计费技术。与各种不同运营模式的结合。

5)友好方便的人机交互技术。适应不同层次、不同水平的操作者。

6)充电桩的运行管理与综合监控。

7)有序充电及与电网的互动技术。

4. 更换电池方式

充电难、充电时间长、续航里程短等问题一直困扰着新能源汽车用户。北汽新能源提出"嫌充电慢不如去换电"的想法,与北京石油签订战略合作协议,双方合作开展新技术、新产业在企业生产和管理的应用。第一步就是利用加油站场地资源建设换电站,最先受益的是北京电动出租车。

北汽新能源算了笔账,现在国内运营的电动出租车续驶里程在 150~250km,但充满一次电需要 1h 以上,部分车辆甚至需要 2h,严重影响了出租车的运营效率。北汽新能源开发的 C50EB 换电出租车换一块充满电的电池仅需要 3min,比普通燃油车加油还快,而且换一次电池可以跑 200km,不仅可以提高驾驶员的运营效率,还可以实现出租的双班运营,提高出租车公司的效益。此次大力推广换电模式出租车运营是解决出租车电动化的最佳途径,驾驶员提高了效率增加收入,出租车公司实现双班运营增加效益,换电服务公司发展了新的业务,新能源汽车得到了发展并带动了下游产业链的发展,电网实现了低谷电的有效利用,财政减少了燃油补贴实现绿色财政,真正实现了全产业链的共赢。

直接更换电动汽车的电池组时需要考虑的是:由于动力电池组质量较大,更换电池的专业化要求较强,需配备专业人员借助专业机械来快速完成电池的更换、充电和维护。

采用这种方式具有如下优点:

1)电动汽车用户可租用充满电的蓄电池,更换需要充电的蓄电池,有利于提高车辆使用效率,也提高了用户使用的方便性和快捷性。

2)对更换下来的蓄电池可以利用低谷时段进行充电,降低了充电成本,提高了车辆运行经济性。

3）从另一个侧面来看，也解决了充电时间乃至蓄存电荷量、电池质量、续驶里程不足及价格高等难题。

4）可以及时发现电池组中单体电池的故障，对于电池的维护工作将具有积极意义，电池组放电深度的降低也将有利于提高电池的寿命。

应用这种方式面临的主要问题是：电池与电动汽车的标准化；电动汽车的设计改进、充电站的建设和管理，以及电池的流通管理等。

引导问题3 新能源汽车充电操作时应注意什么？

1. 充电电源选择注意事项

电动汽车的逐步普及已是不争的事实，然而目前充电和行程问题成为推广普及的主要瓶颈。新能源汽车车主在给电动汽车选择充电电源时需要注意以下事项。

目前国家电网正在初步规划充电站，由于工程量大，投入成本高周期长，加上充电时间长，车位少，充电站覆盖点少等缺陷导致车主无法方便地对自己的电动汽车进行充电。因此，有的车主就会在家里拉出线缆（图6-1-11），私自改造充电接口，进行对电动汽车充电，这种充电方式存在安全隐患。

图6-1-11　私拉电线安全隐患

由于技术和工艺的限制，目前电动汽车车载充电器功率都比较小，一般为3kW左右，采用220V家用电的电流在16A左右，而一般情况下入户电流最大不超过16A，因此家用电缆会因过载工作而引起火灾。

建议车主使用充电桩进行充电，因为充电桩能根据供电电源的容量自动限制车载充电器的充电功率，并能在出现故障后安全可靠切断电源，避免火灾等事故发生。国家标准不建议在没有充电桩的情况下进行充电，更是禁止在没有充电桩的情况下采用三相工业用电进行充电。目前电动汽车充电市场并未完善，充电手段参差不齐，直接将充电枪插到家用电上充电的现象也并不少见。电动汽车车主需要注意的是，如不按照国家标准或不按照电动汽车充电方式使用手册进行，那么出事故后车主是不能得到国家相关标准保护的。针对这种情况，北京市出台了相关政策，以后购买电动汽车可标配充电桩，车主以后就可以在物业小区里申请安装充电桩对汽车充电了。

2. 交流充电（慢充）充电桩和充电口选择注意事项

（1）慢充充电桩

慢充充电的充电桩和主要技术参数如图6-1-12所示。可以采用停车位桩体式（落地安装）

（交流250V、32A/16A）和家用车库挂壁式（交流250V、16A）充电桩，也可以采用家用插座交流充电器（交流240V、8A），如图6-1-13~图6-1-15所示。

项目	参数	项目	参数
充电连接器	IEC/GB	安装	落地安装 挂壁安装
人机界面	LCD/LED/VFD 键盘	通信	RS485/2G/3G
计费装置	RFID/IC卡	环境温度	$-20 \sim +50\,^{\circ}\mathrm{C}$
供电	220V±10% 50Hz±1Hz	环境湿度	5%~95%
输出电压	单相 交流220V±10%	海拔	≤2000m
输出电流	≤32A	平均无故障工作时间	≥8760h
IP	IP55		

图 6-1-12　交流充电桩和主要技术参数

图 6-1-13　停车位桩体式充电桩

图 6-1-14　家用车库壁挂式充电桩

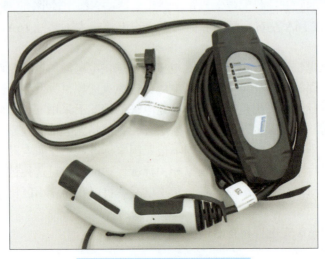

图 6-1-15　家用插座交流充电器

（2）慢充充电口

慢充充电口在实车上的位置如图 6-1-16 所示。

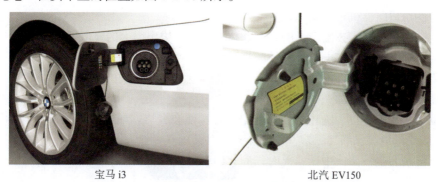

宝马 i3　　　　　　　　　　北汽 EV150

图 6-1-16　慢充充电口的位置

3. 直流充电（快充）充电桩和充电口选择注意事项

（1）快充充电桩

直流充电的充电桩和主要技术参数如图 6-1-17 所示。

内容	技术指标
额定输出电压	直流750V (200～750V)
额定输出电流	直流100A/250A/400A
输出稳压精度	±0.5%
输出稳流精度	±1%
功率因数	≥0.99（含APFC）
效率	≥93%（半载以上）

图 6-1-17　直流充电的充电桩和主要技术参数

（2）快充充电口

快充充电口在北汽 EV150 上的位置如图 6-1-18 所示。

图 6-1-18　北汽 EV150 快充充电口

4. 充电时的注意事项

1）混合动力车辆插有充电电缆时不要加油，与易燃物品保持充足安全距离，否则未按规定插入或拔出充电电缆时存在因燃油燃烧等导致人员受伤或物品损坏的危险。

2）通过家用插座为高电压动力电池充电会导致插座上出现较高持续负荷。因此必须遵守以下说明：

① 不要使用适配器或延长电缆。
② 充电结束后，首先拔出车上的充电插头，然后再拔出墙上的充电插头。
③ 避免绊倒危险以及充电电缆和插座机械负荷。
④ 不要将充电插头插在损坏的插座上。
⑤ 不要使用已经损坏的充电电缆。
⑥ 为动力电池充电时，充电插头和充电电缆可能会变热。如果已经过热，则充电插座不适用进行充电或充电电缆已损坏，应立即中止充电并让电气专业人员进行检查。
⑦ 反复出现充电故障或中断情况时，应立即联系具有资质的维修人员。
⑧ 禁止使用防潮和防侵蚀的插座。
⑨ 不要用手指或物体接触插头触点区域。
⑩ 切勿自行维修或改进充电电缆。
⑪ 清洁前，将电缆两侧均拔出，注意电缆不要浸入液体内。
⑫ 充电期间，不允许进行自动洗车。
⑬ 仅在经过电气专业人员检查的插座上进行充电。
⑭ 在不了解的基础设施/插座上充电时，遵守用户手册内的特殊说明。在车上将充电电流设置为"较低"。

三、任务实施

1. 实施要求

本任务主要认识新能源汽车充电系统的组成元件，并进行车载充电器的更换。内容包括：

1）认识慢充零件组成。
2）认识快充零件组成。

认识慢充零件组成

认识快充零件组成

2. 实施准备

1）防护装备：常规实训着装。
2）车辆、台架、总成：北汽新能源、比亚迪或其他新能源汽车。
3）专用工具、设备：无。
4）手工工具：无。
5）辅助材料：无。

3. 实施步骤

根据实训室的车辆配置，识别新能源汽车充电系统的组成部件，能够介绍其功能及原理，并规范操作新能源汽车充电流程。

（1）认识慢充零件组成

慢充系统主要由充电枪、慢充接头、PDU总成、动力电池、整车控制器、高压线束和低压控制线束等。

1）慢充接头（图6-1-19）。

① CC 为充电连接确认：0~30V、2A。

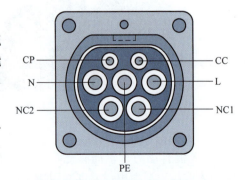

图 6-1-19 慢充接头（交流充电）

车辆控制装置通过CC检测点与PE（车身地）之间的电阻来判断车辆插头是否与车辆插座完全连接。

② CP充电控制引导：0~30V、2A。

车辆控制装置通过CP检测点的PWM占空比确认当前供电设备支持的最大充电电流。

③ L端子为交流电源（单相、三相）：单相250V、10A/16A/32A；三相440V、16A/32A/63A。

④ NC1端子为交流电源（三相）：三相440V、16A/32A/63A。

⑤ NC2端子为交流电源（三相）：三相440V、16A/32A/63A。

⑥ N为中线（单相、三相）：单相250V、10A/16A/32A；三相440V、16A/32A/63A。

⑦ PE为保护地线。

2）充电条件要求。

① 充电线连接确认信号正常。

② 充电机供电电源正常（含220V和12V）及充电机工作正常。

③ 充电唤醒信号输出正常（12V）。

④ 充电机、VCU、BMS之间通信正常（主继电器闭合、发送电流强度需求）。

⑤ 0℃＜动力电池电芯温度＜45℃。

⑥ 单体电池最高电压与最低电压差＜0.3V（300mV）。

⑦ 单体电池最高温度与最低温度差＜15℃。

⑧ 绝缘性能＞20MΩ。

⑨ 实际单体最高电压不大于额定单体电压0.4V。

⑩ 高、低压电路连接正常（远程控制开关关闭状态）。

（2）认识快充零件组成；

快充系统主要由充电设备（充电桩）、快充接头、PDU总成、动力电池、整车控制器、高压线束和低压控制线束等组成。

1）快充接头（图6-1-20）。

① DC+为直流电源正：750/1000V、80A/125A/200A/250A。

② DC-为直流电源负：750/1000V、80A/125A/200A/250A。

③ PE为保护接地。

④ S+为充电通信CAN-H：0~30V、2A。

⑤ S-为充电通信CAN-L：0~30V、2A。

⑥ CC1为充电确认线：0~30V、2A。

⑦ CC2为充电确认线：0~30V、2A。

⑧ A+为低压辅助电源正：0~30V、2A。

⑨ A-为低压辅助电源负：0~30V、2A。

2）充电条件要求。

① 充电线连接确认信号正常。

② BMS供电电源正常（12V）。

③ 充电唤醒信号输出正常（12V）。

④ 充电桩、VCU、BMS之间通信正常（主继电器闭合、发送电流强度需求）。

⑤ 5℃＜动力电池电芯温度＜45℃。

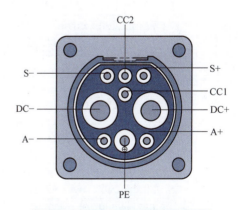

图6-1-20 快充接头（直流充电）

⑥ 单体电池最高电压与最低电压差＜0.3V（300mV）。
⑦ 单体电池最高温度与最低温度差＜15℃
⑧ 绝缘性能＞20MΩ。
⑨ 实际单体最高电压不大于额定单体电压0.4V。
⑩ 高、低压电路连接正常（远程开关关闭状态）。

四、任务考核

学习目标	考核题目（判断题每题1分，选择题每题2分）	得　分
知识目标	1）充电系统是新能源汽车主要的能源补给系统。新能源汽车，特别是纯电动汽车的充电技术，最关键的问题是如何能实现高效率的快速充电。（　）	
	2）新能源汽车充电系统主要由充电桩、充电线束、车载充电器、高压控制盒、动力电池、DC/DC变换器、低压蓄电池以及各种高压线束和低压控制线束等组成。（　）	
	3）新能源汽车充电系统主要组成部分是（　）。 A. 充电桩、车载充电器　　B. 充电桩、DC/DC C. 车载充电器、DC/DC　　D.DC/DC 高压共轨	
	4）充电桩作为新能源汽车充电系统的配套设施，有交流充电桩和直流充电桩。其中交流充电桩，俗称"慢充"，直流充电桩，俗称"快充"。（　）	
2	1）新能源汽车动力电池充电的方式主要有快速充电（交流快充）和常规充电（直流慢充）。（　）	
	2）下面有误的一项是（　）。 A. 直流充电（快充）主要通过充电站的充电桩将直流高压直接通过直流充电口给动力电池充电 B. 交流充电（慢充）主要通过家用电源插头和交流充电桩接入交流充电口，通过车载充电机将220V 交流电转为330V 直流电（以比亚迪 e6 为例）给动力电池进行充电 C. 快速充电模式的优点是：充电时间短；缺点是：降低动力电池使用寿命 D. 蓄电池在放电终止后，应立即充电（在特殊情况下也不应超过24h）。常规充电电流相当低，约为5A，这种充电叫作常规充电（交流慢充或慢速充电）	
	3）（多选）下面属于常规充电模式的特点是（　）。 A. 可充分利用电力低谷时段进行充电，降低充电成本 B. 充电时间短 C. 充电时间长 D. 可提高充电效率和延长电池的使用寿命	
3	1）不属于充电电源选择的注意事项的是（　）。 A. 有的车主就会在家里拉出线缆，私自改造充电接口，进行对电动汽车充电，这种充电方式存在安全隐患 B. 电动汽车的逐步普及已是不争的事实，然而目前充电和行程问题成为推广普及的主要瓶颈 C. 国家在电动汽车充电方面有标准，建议车主使用充电桩进行充电，因为充电桩能根据供电电源的容量自动限制车载充电器的充电功率，并能在出现故障后安全可靠切断电源，避免火灾等事故发生 D. 不建议在没有充电桩的情况下进行充电，更是禁止在没有充电桩的情况下采用三相工业用电进行充电	
	2）慢充充电的充电桩可以采用停车位桩体式（落地安装）（交流250V、32A/16A）和家用车库挂壁式（交流250V、16A）充电桩，也可以采用家用插座交流充电器（交流240V、8A）。（　）	
	3）不属于充电时的注意事项的是（　）。 A. 不要使用损坏的充电电缆 B. 充电期间不允许进行自动洗车 C. 灵活的计量计费技术：与各种不同运营模式的结合 D. 充电结束后首先拔出车上的充电插头，然后再拔出墙上的充电插头	

（续）

学习目标	考核题目（判断题每题1分，选择题每题2分）	得　分
技能目标	1）关于慢充接头，说法有误的是（　）。 A. CC端为充电连接确认　　B. PE为保护地线 C. L为中线　　　　　　　D. CP为充电控制引导 2）关于快充接头，说法有误的是（　）。 A. DC+为直流电源正　　　B. DC-为直流电源负 C. S+为充电确认线　　　　D. A+为低压辅助电源正	
总分：　　分		
教师评语：		

任务二　新能源汽车充电系统检修

学习目标

◎ **知识目标**

1. 能够描述新能源汽车充电系统的工作原理。
2. 能够描述新能源汽车充电接口的类型和通信协议。
3. 能够描述新能源汽车充电系统常见的故障及其检修方法。

◎ **技能目标**

1. 能够进行充电接口的测量。
2. 能够进行充电时母线电流的测量。

一、任务导入

一辆新能源汽车无法充电，你能判断故障原因并进行检修吗？

二、获取信息

>[!引导问题 1] 新能源汽车充电系统是如何工作的？

要检修新能源汽车充电系统，必须先掌握其工作原理。下面以北汽新能源纯电动汽车为例，介绍充电系统的工作原理。

1. 充电系统低压设计的功能

纯电动汽车充电系统的低压部分主要是用于低压供电及控制信号。

（1）车载充电器低压部分

1）12V 电源（低压蓄电池）供电。用于在供充电过程中的 BMS、VCU、仪表等用电。

2）CAN 通信。BMS 通过 CAN 通信控制车载充电器工作状态。CAN 网络系统如图 6-2-1 所示。

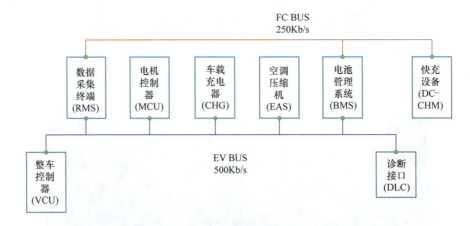

图 6-2-1　充电系统相关的 CAN 网络结构示意图

（2）DC/DC 变换器低压部分

通过使能控制 DC/DC 变换器开关机，12V 电源提供整车低压系统用电。低压充电系统控制方式如图 6-2-2 所示。

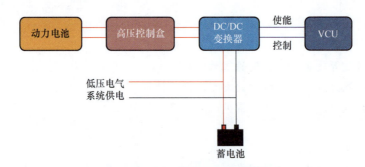

图 6-2-2　低压充电系统控制方式

（3）其他相关的低压部分

其他相关的低压部分，比如充电接口相关低压部分。

2. 慢充和快充控制策略

（1）充电系统控制过程

作为纯电动汽车的核心，动力电池的充电过程由 BMS 进行控制及保护。

车载充电器工作状态及指令均由 BMS 发出的指令进行控制，包括工作模式指令、动力电池允许最大电压、充电允许最大电流、加热状态电流值。

快充和慢充的流程：采用恒流恒压充电方法，在不同温度范围内以恒定电流充电至动力电池组总电压达到或最高单体电压达到此温度条件下的规定电压值，以恒定电压充电至电流小于 0.8A 后停止充电。

慢充控制顺序见表 6-2-1。

表 6-2-1 慢充控制顺序表

车载充电器	动力电池及 BMS	VCU、仪表及数据采集终端
220V 上电	待机	待机
12V 低压供电等待指令	唤醒	
接收指令并执行加热流程	BMS 检测电池状态并发送加热指令	
接收指令并停止工作	BMS 监控电池温度并发送停止指令	唤醒
接收指令并执行充电流程	BMS 待充电器反馈后发送充电指令	
接收指令并停止工作	BMS 监控电池状态并发送完成指令	
完成后 1min 控制充电桩结算	待机	待机

（2）充电温度与充电电流的要求

快充采用地面充电桩充电，快充充电温度与充电电流要求（非车载充电器模式下充电要求）见表 6-2-2。

表 6-2-2 快充充电温度与充电电流要求

温　　度	小于 5℃	5~15℃	5~45℃	大于 45℃
可充电电流 /A	0	20	50	0
备注	恒流充电至 343V、3.5V 以后转为恒压充电方式			

慢充充电温度与充电电流要求（车载充电器模式下充电要求）见表 6-2-3。

表 6-2-3 慢充充电温度与充电电流要求

温　　度	小于 0℃	0~55℃	大于 55℃
可充电电流 /A	0	10	0
备注	当电芯最高电压高于 3.6V 时，降低充电电流到 5A，当电芯电压达到 3.70V 时，充电电流为 0A，请求停止充电		

3. 快充模式充电系统组成和原理

（1）组成

在快充模式下，充电系统主要由充电桩（直流快充桩）、快充接口、高压控制盒、动力电池、整车控制器、高压线束和低压控制线束等组成。

（2）快充模式充电系统结构原理

快充模式充电系统结构原理如图 6-2-3 所示。

整车控制器是快速充电功能的主控模块。将快速充电接口由充电桩连接至车辆快充接口以后，整车控制器通过 CC 线判断充电接口已经正确连接，并启用唤醒线路唤醒车辆内部充电系统电路及部件。整车控制器通过输出高压接触器接通指令至高压控制盒，实现快速充电桩与动力电池之间高压电路的接通。接通并实现充电时,整车控制器向仪表输出正在充电显示信息。

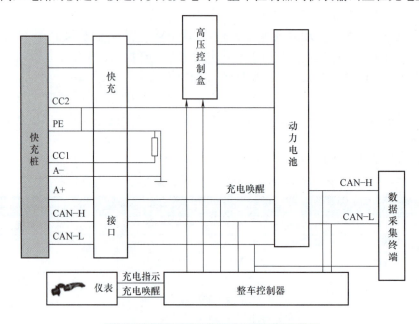

图 6-2-3 快充模式充电系统结构原理图

（3）充电条件要求

1）充电线连接确认信号正常。

2）BMS 供电电源正常（12V）。

3）充电唤醒信号输出正常（12V）。

4）充电桩、VCU、BMS 之间通信正常（主继电器闭合、发送电流强度需求）。

5）5℃＜动力电池电芯温度＜45℃。

6）单体电池最高电压与最低电压差＜0.3V（300mV）。

7）单体电池最高温度与最低温度差＜15℃。

8）绝缘性能＞20MΩ。

9）实际单体最高电压不大于额定单体电压 0.4V。

10）高、低压电路连接正常（远程开关关闭状态）。

4. 慢充模式充电系统组成和原理

（1）组成

在慢充模式下,充电系统主要由供电设备（充电桩）、慢充接口、车载充电器、高压控制盒、动力电池、整车控制器（VCU）、高压线束和低压控制线束等组成。

（2）慢充模式充电系统结构原理

慢充模式充电系统结构原理如图 6-2-4 所示。

充电枪连接通过车载充电机（充电器）反馈到整车控制器,再唤醒仪表显示连接状态（负触发）；充电机同时唤醒整车控制器和动力电池管理模块（正触发）,整车控制器唤醒仪表启动显示充电状态（负触发）；正、负主继电器由整车控制器发出指令由动力电池管理模块控制闭合。

如图 6-2-5 所示,充电桩通过 CC 连接确认信号后,把 S1 开关从 12V 端切换到 PWM 端；

当检测点 1 电压降到 6V 时，充电桩 K1/K2 开关闭合输出电流。

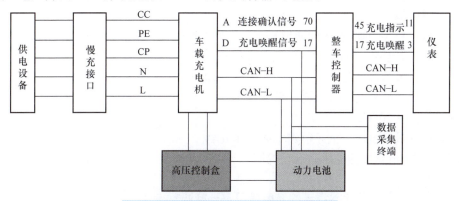

图 6-2-4　慢充模式充电系统结构原理图

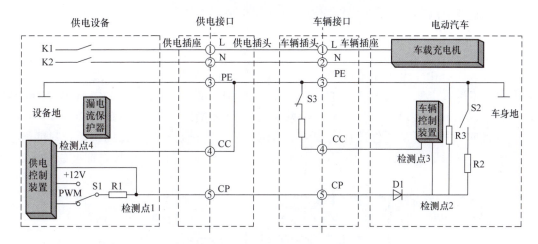

图 6-2-5　慢充模式充电系统工作电路图

（3）充电控制过程

充电控制过程如下（图 6-2-6）：

1）交流供电。

2）充电唤醒。

3）BMS 检测充电需求。

4）BMS 给车载充电机发送工作指令并闭合继电器。

5）车载充电机开始工作，进行充电。

6）电池检测充电完成后，给车载充电机发送停止指令。

7）车载充电机停止工作。

8）电池断开继电器。

（4）充电条件要求

1）充电线连接确认信号正常。

2）充电机供电电源正常（含 220V 和

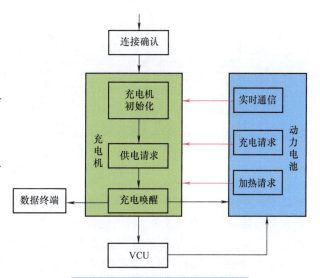

图 6-2-6　慢充模式充电控制过程

12V）及充电机工作正常。

3）充电唤醒信号输出正常（12V）。

4）充电机、VCU、BMS之间通信正常（主继电器闭合、发送电流强度需求）。

5）0℃＜动力电池电芯温度＜45℃。

6）单体电池最高电压与最低电压差＜0.3V（300mV）。

7）单体电池最高温度与最低温度差＜15℃。

8）绝缘性能＞20MΩ。

9）实际单体最高电压不大于额定单体电压0.4V。

10）高、低压电路连接正常（远程控制开关关闭状态）。

> **引导问题 2** 新能源汽车的充电接口都一样吗？

除了是新能源汽车自身的故障原因外，充不了电也可能是充电接口和通信协议两个方面的原因。

1. 充电接口

充电接口上，由于全球主要有美、欧、中、日四种充电接口标准，因此，各车企在配置适合各自技术路线上对充电接口也进行了区别设计，比如欧洲Combo接口、日本CHAdeMO接口、特斯拉的充电接口、部分美系和德系采用的CCS接口、中国的GB/T 20234接口，这就意味着目前国外的车从硬件接口上就无法与国内充电桩进行连接，比如特斯拉只能通过自己建充电站，来保证Model S在中国的市场推广。目前国际上四种充电接口标准如图6-2-7所示。

	美国 Type 1	欧洲 Type 2	中国 GB	日本 JP
交流	SAE J1772/IEC62196-2	IEC62196-2	GB/T 20234.2-2011	IEC62196-2
直流	IEC62196-3	IEC62196-3	GB/T 20234.3-2011	CHAdeMO/IEC62196-3
组合式	SAE J1772/IEC62196-3	IEC62196-3	无	无

图6-2-7 目前国际上四种充电接口标准

对于中国的国标GB/T 20234，规定了交流与直流接口的标准，交流接口采用的是七针的设计，直流接口采用的九针的设计，国内车企都是遵循这个标准进行设计，但是早期一些车企考虑到电池寿命延长，某些车型没有设计直流充电的接口，一些车主在公共充电桩遇到了直流桩充不了电也是正常的。需要说明的是，并非所有新能源车型都同时采用直流和交流两种接口，有些车型如比亚迪e6等，只提供交流慢充接口。

我国采用的七针交流慢充充电口的定义如图 6-2-8 所示。

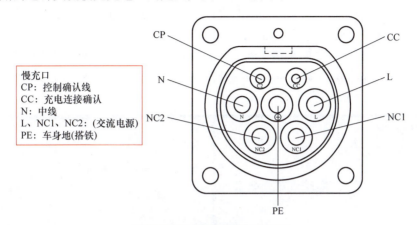

图 6-2-8 慢充充电口的定义

九针直流快充充电口的定义如图 6-2-9 所示。

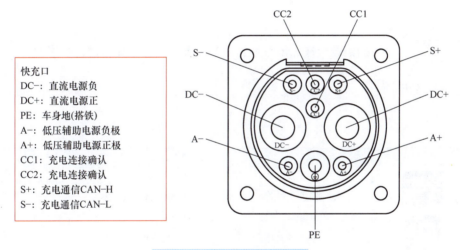

图 6-2-9 快充充电口的定义

2. 通信协议

目前充电协议的差异是目前充不了电的最主要原因，解释这个问题需要对交流充电与直流充电的基本原理及过程有所了解。

交流充电的过程是交流电通过充电桩—车载充电机—动力电池进行传输，从国标设计上，不存在充电桩与整车之间的通信关系，通俗来讲，交流充电桩就是一个功率稍大的插座，不存在充电桩与整车通信协议的对接，因此如果是交流充电，理论上所有车型都是可以充电的。

直流充电的过程简单讲是直流电通过充电桩—动力电池进行传输，中间省去了车载充电机的环节，这就需要充电桩与整车控制装置或电池管理系统进行通信，国标 GB/T 20234 上规定了通过 CAN 总线方式，以充电报文的形式对充电过程进行数据传输以及控制，其中直流接口上 S+、S− 两个针头就是用作充电通信的，另外国标 GB/T 27930 还对通信协议相关内容进行了规定。现实中，充电设备商和车厂会有各自的充电协议，虽然都符合国标规定，但还是会带有各自的特色，如果没有事先进行通信协议的对接，会出现充不了电的情况。

对于充电设施运营商而言，目前电动汽车只有通过车辆认证并在直流桩上充电后，才能够实现对整车状态、电池状态、充电桩的状态进行智能监控的功能，发挥其运维的作用，因此就需要用户在充电前对车辆信息进行入网认证，这样充电设备才能够正常识别用户车辆。

对于用户来讲，只有自己的车纳入到运营商的充电服务网络内才可以正常充电，否则就只能自己想办法解决充电问题，这就是运营商让用户办理充电卡（图6-2-10）的原因，也是运营商经常提到的"一车一卡绑定"的原因。

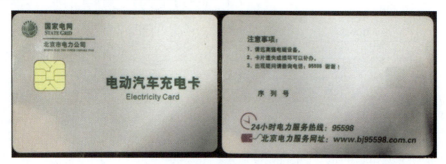

图 6-2-10 电动汽车充电卡

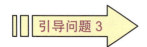 新能源汽车充电系统常见的故障有哪些？如何进行检修？

1. 充电系统指示灯

以北汽新能源 EV 系列汽车为例，仪表充电系统相关的指示灯见表 6-2-4。

表 6-2-4 充电系统指示灯说明

序号	显示	名称	指示说明
1		充电线连接指示灯	点亮表示充电线连接。信号来源是 VCU 给出的硬线信号，低有效
2		充电提醒灯	电量过低时点亮，信号来自 VCU 的 CAN 信号
3		剩余电量表	<table><tr><td>当前 SOC 范围</td><td>剩余电量表 LED 点亮数目</td></tr><tr><td>SOC > 82%</td><td>5</td></tr><tr><td>82% ≥ SOC > 62%</td><td>4</td></tr><tr><td>62% ≥ SOC > 42%</td><td>3</td></tr><tr><td>42% ≥ SOC > 22%</td><td>2</td></tr><tr><td>22% ≥ SOC > 5%</td><td>1</td></tr><tr><td>SOC ≤ 5%</td><td>0</td></tr></table>

2. 车载充电机常见的故障与检修

车载充电机故障信息将通过 CAN 总线报至总线上，通过 CAN 总线可以找出发生的故障信息。

车载充电机常见的故障如下：

（1）12V 低压供电异常

当充电机 12V 模块异常时，BMS、仪表等由于没有唤醒信号唤醒，无法与充电器进行通信。

当 12V 未上电，最简单的判断方式就是交流上电的时候，电池没有发出继电器闭合的声音,一般都是12V异常。需要检查低压熔丝盒内充电唤醒的熔丝及继电器,以及充电器端子是否出现退针的情况。

（2）充电机检测的电池电压不满足要求

此问题是在充电过程中,BMS可以正常工作,但充电机工作开始前需要检测动力电池电压,当动力电池电压在工作范围内,车载充电机可以正常工作,否则充电器认为电池不满足充电的要求。此情况常见的为高压插件端子退针或高压熔丝熔断,或电池电压超过工作范围。

（3）充电机检测与充电桩握手不正常

充电机工作过程中会检测与充电桩之间的握手信号,当判断到CC开关断开,充电机认为此时将要拔掉充电枪,此时会停止工作,防止带电插拔,提升充电枪端子寿命。当充电枪未插到位,可能出现此情况。图6-2-11是充电机显示的状态。

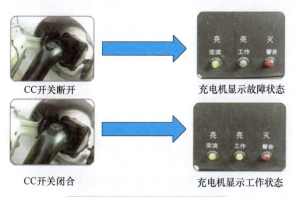

图 6-2-11　充电机显示的状态

（4）充电桩输入电压正常,由于施工时电源线不符合标准所引起的无法充电故障

车辆在低温环境下,充电桩开始时与充电机连接正常,由于车辆动力电池在低温下需将电芯加热至0～5℃时,才能进行正常充电,加热过程时,负载较小,电压下降并不多,进入充电过程时,负载加大,输入电压下降,充电桩为充电机提供的电源电压低于187V时,充电机无法正常工作,充电机停止工作后,负载减小,测量时电压又恢复正常,这种情况一定要在充电机进入充电过程时测量当时准确电压,来找到故障所在。

另外,外接的充电电源接地线线路不良,是造成新能源汽车无法充电的常见原因。

3. 快充常见的故障与检修

（1）充电桩显示车辆未连接

检修方法如下:

1）检查快充口CC1端与PE端是否有1000Ω电阻。

2）检查快充口导电层是否脱落。

3）检查充电枪CC2与PE是否导通。

（2）动力电池继电器未闭合

检修方法如下:

1）检查充电桩输出正极唤醒信号是否正常。

2）检查充电桩输出负极唤醒信号与PE是否导通。

3）检查充电桩CAN通信是否正常。

（3）动力电池继电器正常闭合,但无输出电流检修方法如下：

1）检查充电桩与 BMS 软件版本是否匹配。

2）检查高压连接器及线缆是否正确连接。

3）用诊断仪查看充电监控状态。以北汽 E150 EV 为例，如图 6-2-12 所示。

北汽新能源>>车辆选择 >> E150EV >> 系统选择 >> 动力电池充电状态监控		
名称	当前值	单位
动力电池充电请求	请求充电	
动力电池加热状态	未加热	
动力电池当前充电状态	充电状态	
动力电池允许最大充电电流	10.0	A
动力电池加热电流请求值	6.0	A
动力电池允许最高充电端电压	370.00	V
剩余充电时间	0	min
CHG 初始化状态	已完成	
动力电池加热状态	停止加热	
充电机当前充电状态	正在充电	
充电机输出端电流	7.5	A
充电机输出端电压	3353.0	V
充电机输出端过压保护故障	正常	
充电机输出端欠压保护故障	正常	
充电机输出电流过流保护故障	正常	
充电机过温保护故障	正常	

图 6-2-12 充电监控状态表

（4）DC/DC 变换器不工作

检修方法如下：

1）检查连接器是否正常连接。

2）检查高压熔丝是否熔断。

3）检查使能信号输入是否正常（12V）。

4. 慢充常见的故障与检修

下面以北汽 E150EV 为例介绍慢充常见的故障诊断与排除方法。

（1）车辆无法充电

故障现象：

车辆在使用充电桩充电时，充电桩指示灯亮，充电机电源工作灯亮，车辆无法充电现象。

可能原因：

动力电池控制器故障、动力电池故障、通信故障。

故障诊断与排除：

根据上述故障现象充电桩和充电机工作指示灯正常，第一个检查对象应该放在通信和动力电池内部。用故障检测仪检测故障码及数据流，读出故障码：P1048（SOC 过低保护故障）、P1040（电池单体电压欠压故障）、P1046（电池电压不均衡保护故障）、P0275（电池电压不均衡保护故障）；读出数据流：动力电池单体电芯最低电压为 2.56 V、动力电池单体电芯最高电压为 3.2V，单体电芯电压差大于 500mV 时动力电池管理系统（BMS）启动充、放电保护而无法充电，经过更换动力电池单体电芯，动力电池故障解除，车辆恢复充电。

故障分析：

通过以上故障诊断与排除过程，总结一下动力电池具备充电的条件：

1）充电桩与充电机或快充桩与动力电池的通信要匹配。
2）车载充电机要能正常工作，无故障。
3）整车控制器与充电机、动力电池控制器通信要正常。
4）唤醒信号要正常。
5）整车控制器和动力电池控制器的信号要正常。
6）单体电芯之间电压差小于500mV。
7）高压电路无绝缘故障。
8）动力电池内部温度在充电的温度范围内。

（2）充电时充电桩跳闸

故障现象：

车辆在使用充电桩充电时、出现充电桩跳闸，充电器无法充电。

可能原因：

充电机内部短路。

故障诊断与排除：

检查充电桩交流220V电压、充电桩CP线与充电器连接正常，再检查充电线束、高压线束、充电器、动力电池的绝缘均正常，更换充电机，故障排除。

故障分析：

因为此车的故障现象是充电桩跳闸，说明唤醒信号和互锁电路正常；基本可以断定是充电机内部短路故障。

（3）充电机指示灯不亮

故障现象：

车辆在使用充电桩充电时，充电机指示灯不亮，车辆无法充电。

可能原因：

充电机内部故障、充电唤醒信号中断或互锁电路故障。

故障诊断与排除：

检查FU低压熔丝盒内的电池充电熔丝和充电机低压电源，将万用表旋到直流电压档测量充电器低压电源正常，再检查充电系统插接件无退针、锈蚀现象，更换充电机，故障排除。

故障分析：

经检查，充电机低压供电正常，而充电工作指示灯都不亮，基本确定为充电机内部故障。

三、任务实施

1. 实施要求

本任务主要认识新能源汽车充电系统的检修。内容是拆装充电口。

2. 实施准备

1）防护装备：常规实训着装。
2）车辆、台架、总成：比亚迪e5、北汽新能源或其他新能源汽车。
3）专用工具、设备：充电桩。
4）手工工具：无。
5）辅助材料：无。

3. 实施步骤

拆装充电口。

1）拆卸直、交流充电口前的准备。

① 启动开关 OFF 档。

② 蓄电池断电。

③ 拆掉前保险杠总成。

2）拆装直流充电口。

① 拆卸直流充电口。

a. 拆掉充电口上安装板和充电口法兰面安装螺栓。

b. 打掉两颗搭铁螺栓。

c. 退掉高低压插接件并拆掉扎带。

d. 按图 6-2-13 所示方向取出直流充电口。

图 6-2-13 取出直流充电口示意图

② 安装直流充电口。

a. 先将直流充电口高低压线束穿过车身安装钣金。

b. 将直流充电口小压板装上，拧紧 2 个法兰面螺栓。

c. 拧紧 4 个法兰面安装螺栓。

d. 固定好高压线束扎带并接上所有高低压插接件，拧紧 2 个搭铁螺栓。

3）拆、装交流充电口，如图 6-2-14 所示。

① 拆卸交流充电口。

a. 断开交流充电口高低压插接件并拆掉高压线束扎带，拆卸 2 个搭铁螺栓。

b. 拆卸 4 个法兰面固定螺栓。

c. 向外取出交流充电口。

② 安装交流充电口。

a. 将交流充电口线缆由外向里安装。

b. 拧紧 4 个充电口法兰面安装螺栓。

c. 接好高低压插接件。

d. 分别扣上小支架和水箱上横梁上面的扎带孔位。

e. 拧紧 2 个搭铁螺栓。

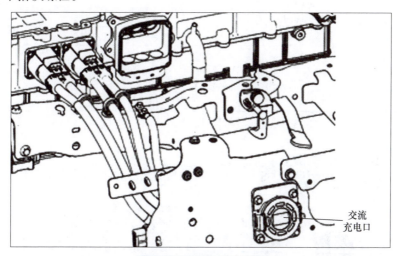

图 6-2-14　交流充电口

四、任务考核

学习目标	考核题目（判断题每题 1 分，选择题每题 2 分）	得分
知识目标	1	1）不属于低压部分的是（　　）。 A.12 电源供电　　　B.BMS 通过 CAN 通信控制车载充电器工作状态 C.动力电池　　　D.灯光 2）纯电动汽车充电系统的低压部分主要是用于低压供电及控制信号。（　　） 3）作为纯电动汽车的核心，动力电池的充电过程由 BMS 进行控制及保护。（　　） 4）在慢充模式下，充电系统主要由供电设备（充电桩）、快充接口、车载充电器、高压控制盒、动力电池、整车控制器（VCU）、高压线束和低压控制线束等组成。（　　）	
	2	1）新能源汽车的充电接口都是一样的。（　　） 2）充电接口上，由于全球存在美、欧、（　　）、日四大充电接口标准，因此，各车企在配置适合各自技术路线上对充电接口也进行了区别设计。 A.法　　　B.中　　　C.韩　　　D.英 3）除了是新能源汽车自身的故障原因外，充不了电也可能是充电接口和通信协议两个方面的原因。（　　）	
	3	1）车载充电器故障信息将通过 CAN 总线报至总线上，通过 CAN 总线可以找出发生的故障信息。（　　） 2）车载充电器常见的故障有（　　） A.12V 低压供电异常　　　　　　B. 充电器检测的电池电压不满足要求 C. 充电器检测与充电桩握手不正常　　　D. 动力电池线路故障 3）不属于充电为连接的检修的方法是（　　） A. 检查快充口 CC1 端与 PE 端是否有 1000Ω 电阻 B. 检查快充口导电层是否脱落 C. 检查充电枪 CC2 与 PE 是否导通 D. 检查充电桩与动力电池 BMS 软件版本是否匹配	

（续）

学习目标	考核题目（判断题每题 1 分，选择题每题 2 分）	得分
技能目标	1）拆装充电口，必须戴绝缘手套。（　　） 2）在工具的选用中，优先选用（　　） 　A. 梅花扳手　　B. 开口扳手　　C. 棘轮扳手　　D. 套筒 3）不属于拆装充电口的准备工作的是（　　） 　A. 关闭点火钥匙　　B. 拆卸轮胎 　C. 蓄电池断电　　　D. 拆卸前保险杠总成	
总分：	分	
教师评语：		

任务三　新能源汽车充电桩的安装与调试

学习目标

◎ 知识目标

1. 能够描述新能源汽车充电桩的作用和类型。
2. 能够描述新能源汽车充电桩目前的状况。

◎ 技能目标

能够完成充电桩的安装与调试工作。

一、任务导入

你所在的新能源汽车维修站需要安装充电桩，你的主管要求你选择充电桩的类型，并进行安装调试，你能完成这个任务吗？

二、获取信息

引导问题 1 新能源汽车充电桩的作用是什么？有哪些类型？

1. 充电桩的作用

充电桩的作用类似于加油站里面的加油机，可以固定在地面或墙壁，安装于公共建筑（公共楼宇、商场、公共停车场等）和居民小区停车场或充电站内，可以根据不同的电压等级为各种型号的电动汽车充电。充电桩的输入端与交流电网直接连接，输出端都装有充电插头用于为电动汽车充电。汽车充电桩一般提供常规充电（交流慢充）和快速充电（直流快充）两种充电方式，人们可以使用特定的充电卡在充电桩提供的人机交互操作界面上刷卡使用，进行相应的充电方式、充电时间、费用数据打印等操作，充电桩显示屏能显示充电量、费用、充电时间等数据。

充电桩是能实现计时、计电度、计金额充电的装置，可作为市民购电终端。同时为提高公共充电桩的效率和实用性，今后将陆续增加一桩多充和为电动自行车充电功能。图 6-3-1 是充电桩的安装和调试场景。

图 6-3-1 充电桩的安装和调试

2. 充电桩的类型

（1）按安装方式分

可分为落地式充电桩、挂壁式充电桩，如图 6-3-2 所示。落地式充电桩适合安装在不靠近墙体的停车位。挂壁式充电桩适合安装在靠近墙体的停车位。

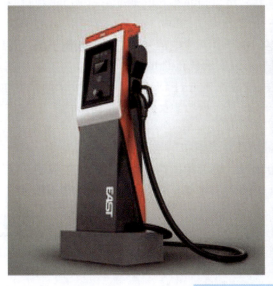

图 6-3-2 充电桩的两种形式

（2）按安装地点分

按照安装地点，可分为公共充电桩、专用充电桩和自用充电桩。公共充电桩是建设在公共停车场（库）结合停车泊位，为社会车辆提供公共充电服务的充电桩。专用充电桩是建设单位（企业）自有停车场（库），为单位（企业）内部人员使用的充电桩。自用充电桩是建设在个人自有车位（库），为私人用户提供充电的充电桩。充电桩一般结合停车场（库）的停车位建设。安装在户外的充电桩防护等级应不低于IP54。安装在户内的充电桩防护等级应不低于IP32。图6-3-3所示为公共充电桩。

（3）按充电接口数分

可分为一桩一充和一桩多充。图6-3-4为多用充电桩。

图6-3-3 公共充电桩

图6-3-4 多用充电桩

（4）按充电方式分

充电桩可分为直流充电桩、交流充电桩和交直流一体充电桩。

1）直流充电桩特点。直流充电桩又称为直流供电装置，即我们日常所说的"快充"。直流充电桩是固定安装在电动汽车外、与交流电网连接，可以为非车载电动汽车动力电池提供直流电源的供电装置。直流充电桩的输入电压采用三相四线交流380V（±15%），频率50Hz，输出为可调直流电，直接为电动汽车的动力电池充电。由于直流充电桩采用三相四线制供电，可以提供足够的功率，输出的电压和电流调整范围大，可以实现快充的要求。

直流充电桩的工作原理就是通过整流将交流变直流再通过DC/DC变换环节来调整电压、电流输出，实现对电动汽车的电池充电。ECU来实现其显示功能及保护电路的控制。

直流充电桩的特点如下：

① 采用分体式结构，主要由整流柜、充电桩以及整流柜和充电桩之间的连接电缆、充电桩和电动汽车之间的连接电缆及充电连接器等部分组成。整流柜由整流模块和充电主控制系统组成，由充电桩完成与用户之间的人机交互功能，并实现对电动车充电的管理、计费和相应的电池状态检测等功能。

② 具备通过CAN网络与BMS通信的功能，用于判断电池类型，获得动力电池系统参数、充电前和充电过程中动力电池的状态参数。与充电站后台监控系统通信，上传充电器和动力电池的工作状态、工作参数、故障报警等信息，并接受监控系统的控制命令，执行遥控动作。

③ 能够判断充电连接器、充电电缆是否正确连接。当充电连接器与电动汽车蓄电池系统正

确连接后，充电器才允许启动充电过程；当充电器检测到与电动汽车蓄电池系统的连接不正常时，能立即停止充电，并发出警告信息。

④ 能够为电动汽车提供低压辅助电源，用于在充电过程中为电动汽车 BMS 供电。

⑤ 具有高效、高可靠、便于维护、灵活扩容、节能环保等优点。

⑥ 采用数字化均流技术，均流性能稳定，脱离管理模块也能稳定工作并自主均流。

⑦ 采用模块化架构，可适应 10~200kW 的不同功率需求。

⑧ 动态优化的功率模块管理，适应在各种功率输出状态下的最大效率输出。

⑨ 具有输出电压、电流调节范围宽的特点，满足不同类型蓄电池组端电压的充电要求。

⑩ 具有电源过温、输入侧过压、欠压、输出侧过流、过压保护等安全防护功能。

⑪ 整流模块采用 ARM 作为控制核心，具有很高的灵活性和一致性。

⑫ 采用高频变压器，体积小，功率密度高。

⑬ 采用 IGBT 配套最新的驱动技术，稳定性高。

⑭ 具备宽电压输入范围，以及宽工作温度范围。

⑮ 友好的人机界面，动态显示电压、电流以及故障信息。

⑯ 具有输入侧过 / 欠压保护、输出侧过压保护、欠压告警、过流及短路保护、过温保护等功能。

2）交流充电桩特点。交流充电桩又称为交流供电装置，即我们日常所说过的慢充。固定安装在电动汽车外、与交流电网连接，为电动汽车车载充电器（即固定安装在电动汽车上的充电器）提供交流电源的供电装置。交流充电桩只提供电力输出，没有充电功能，需连接车载充电器为电动汽车充电。

交流充电桩设计要求的特点如下：

① 可以提供交流 220V/7kW 供电能力。交流充电桩的电源要求为，输入电压：单相交流 220V（±10%），输出频率 50Hz（±2%），输出为交流 220V/7kW。

② 具备漏电、短路、过压、欠压、过流等保护功能，确保充电桩安全可靠运行。

③ 具备显示、操作等必需的人机接口。

④ 交流充电计量。

⑤ 设置刷卡接口，支持 RFID 卡、IC 卡等常见的刷卡方式，并可配置打印机，提供票据打印功能。

⑥ 具备充电接口的连接状态判断、控制导引等完善的安全保护控制逻辑。

交流充电桩给电动汽车的充电机提供电力输入，由于一般的车载充电机的功率不是很大，所以不能很好地实现快速充电。但可以采用直流充电桩来实现快充。

充电桩工作过程如图 6-3-5 所示。

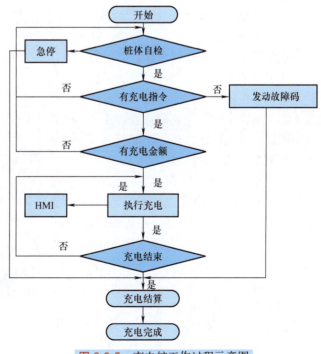

图 6-3-5 充电桩工作过程示意图

> **引导问题 2** 新能源汽车充电桩的现况如何？

全国公共充电桩的数量与日俱增。随着充电设施规模的不断扩大，使用中的问题也纷纷暴露出来。比如，充电桩故障率高及安全隐患；充电站不好找；充电费用不统一等。

1. 充电桩的安全问题

纯电动客车、混合动力客车自燃着火原因主要集中在车辆处于静态停置中，由于电池系统管理不完善、通信不兼容、与充电设备通信障碍导致的电池过充、短路等问题，不能提前监控、报警，从而引起热失控、自燃、起火等问题。除了电池自身技术以外，很多外在原因成为了事故导火索，也就是说，充电环节也具有很大的安全隐患。因此，安全不能只聚焦于电池本身，而是需要电池、BMS、充电多方协同合作。

BMS 主要包括电芯监测模块、均衡电源模块和 ECU，技术含量较高，目前国内市场的 BMS 厂家较多，生产水平参差不齐，时有失效和安全隐患，与此同时，目前国内 BMS 行业也没有针对该行业单独制定的权威行业标准，很多检测机构更多的是参照一些老标准对系统的一些指标进行检测，对产品提升、行业规范等缺乏引导，所以需要针对新能源汽车 BMS 行业单独制定一套行业规范，未来还应当升级为国家强制标准。另一方面，很多 BMS 的设计没有充分考虑到用户、电网、电池的特性变换等因素。电动汽车的充电现状是，充电设施被动依赖 BMS 和电池，不适应电动汽车充电的需求，及时、方便的充电需求得不到满足，无法获得更加及时的车况报告，充电相关各方责任界限不清，充电被简单视为新能源汽车的一个"零部件"，但是在新能源汽车的安全问题中，最易发生问题的环节却是充电环节。由于电压、电流过高或电池过充等导致电池热失控从而引发燃烧，所以通过 CAN 通信协议实现充电设备与电池管理系统之间的实时通信是非常重要的。BMS 与充电设备之间没有能够形成很好的协调，导致 BMS 形同虚设，充电器在接收电池相关数据不全面时未能终止充电。

对于刚刚进入成熟期的新能源汽车产业，安全问题永远是悬在企业头上的一把利刃，在发展过程中永远要摆在第一位。目前，电动汽车充电接口国家标准修订稿通过专家审查，其中充电接口标准是主要的修订内容，对于与充电体系相关的协同安全指引却没有提及，因此有必要引起决策者的重视。与此同时，随着利好政策不断出台，充电设施建设的爆发期即将来临，各种充电设备企业一窝蜂涌入市场，而技术门槛并不高，这就应当树立起一道严格的行业安全门槛，把充电安全作为企业的重要责任，加强技术创新，将电池、充电器、模块、电网等环节充分协同，形成更有效的安全管理。

2. 充电桩的社会问题

充电桩、充电站的建设程度，直接影响着电动汽车的大规模商业化推广，而仅仅增加充电设施的布局并不够，还需建设高效完善的充电服务网络。因为续航里程限制和充电装置不便，车主在电动汽车的使用方面似乎遭遇了约束，如图 6-3-6 和图 6-3-7 所示。

（1）厂商步伐不协调

电动汽车不同于传统汽车，其生产、销售、维护更为复杂。以往客人将车辆驶出 4S

图 6-3-6 充电桩不普及

店这个销售流程基本结束,而在电动汽车的销售过程中,还增加了汽车充电桩设置的安置,而包括特斯拉在内的汽车厂商在这一步进行得并不顺利。

首先是此前国内住宅的设计规划中并没有将电动汽车充电桩规划在内,造成了车主后期安置充电桩困难重重。

在主流的住宅小区中停车位是按照住户的30%~50%进行规划的,在这有限的停车位内大部分是住户公共使用,只有一小部分是拥有固定产权的,而按照物业方面的要求只能给这些拥有固定产权的停车位出具《充电桩安装同意书》。所以说虽然特斯拉给中国区消费者行使特权免费赠送充电桩并进行安装,但根本问题并不在于安装的费用上,而是在于能否进行安装。显然这个问题并不是厂商能够轻易解决的,这背后的原因是我国公寓式住宅和西式别墅住宅区别,尽管有些厂商已经配备了专业的公关团队与车主、物业进行沟通,但是由于涉及产权等问题在实际解决过程中难度颇大。

图 6-3-7　住宅小区缺乏充电桩规划

除了车主住宅安装充电桩遇到困难之外,厂方自建充电站也并不能提供足够的便利。首先是厂方自建充电站的标准上和国家规划是否一致,以特斯拉为例,其独有的充电网络一直是它宣传的卖点,而且实际上在北美特斯拉也确实建成了比较完善的充电网络,98个已建充电站基本覆盖了80%的用户,而到2015年末基本实现98%用户的覆盖。但在中国市场尽管已经开放社会资本建设权,但并不意味着可以按照特斯拉方面的想法任意建设,实际上中国关于充电站也有自己的规划,计划在2016~2020年间建成10000座充电桩,所以特斯拉的超级充电站在国内或许并不好走。其次是厂商充电站的实际便利程度目前还存在不足之处,由于成本限制,大部分充电站都建于郊区,并且可用充电桩十分有限,不同于传统汽车加油只要几分钟,一辆电动汽车充电至少需要几十分钟,一旦遇到很多车排队充电,其形成的时间成本极高,用户体验效果较差。

(2) 公共设施待完善

政策落后于市场是十分常见的事,在新能源汽车领域中同样如此。和厂商已经研发数十年电动汽车不同的是,直到近几年社会才将新能源汽车充换电配套设施纳入建设计划中,但目前的建设程度并不乐观,还需努力,如图6-3-8所示。在电动汽车领域,单个充电装置因为成本和技术限制,其建造程度远比一般停车位要复杂得多,涉及电力、城市规划、交通、市政等多个部门,在一定程度上还需要和汽车厂商达成技术标准,所以实施难度可想而知。

目前建成的电动汽车公用充电桩多集中于

图 6-3-8　国家扶持新政

高校、政府机关和综合交通枢纽，但是因为使用习惯未养成，在具体的落地过程还存在各方面的困难。首先是开放程度，因为不少已有充电桩的单位集中于政府机关、高校，而这类单位外来车辆想要进入并不容易，这类公用充电桩还是局限于单位私有财产。其次是在装有充电桩并允许外来车辆驶入的停车场中，还涉及不同品牌的不公正待遇，例如某些停车场只允许指定品牌的电动汽车免费停放，其他品牌的电动汽车则需要缴纳停车费用。再次，充电各地的收费标准也不尽相同，除此之外还收取一定的服务费。最后就是大部分充电车位存在传统汽车违规停靠的现象，当然这也和停车资源紧缺有关系。

（3）现阶段充电桩的发展

充电桩和充电站这一重要配套产业的完善将促进电动汽车的发展。和电动汽车产业一样，充电桩在全国的建设也在不断创造着新的纪录。根据"十三五"规划，预计到2020年，集中式充换电站将增长到1万座，分散式充电桩数量将增长到100万个。

按照规划，到2020年，国家电网规划建设以"四纵四横"（四纵：沈海、京沪、京台、京港澳，四横：青银、连霍、沪蓉、沪昆）为支撑的、覆盖公司经营区内所有示范城市的高速公路快充网络，续驶里程达1.9万km。

（4）充电桩标准化

按照目前颁布的《政府机关和公共机构购买新能源汽车实施方案》规定，充电接口与新能源汽车数量比例不低于1∶1。以这一标准来看，虽然目前充电桩数量已经在快速增长，但是现有的充电设备已经不能满足当下电动汽车的日常需求。不仅仅是国家电网，更多的民营资本进入这个行业，多方资本介入之后利益的分配成为最重要的关注点。

事实上，目前有实力的生产厂商都希望自己研究的标准能够代表行业标准，各厂家都认为自己掌握了较为核心的技术，并且不会将这些轻易对外开放，都希望公司能够将上游的电动汽车生产销售到下游充电技术和充电桩建设融于一身，打造一个全产业链的公司，不能说这样不好，但是这样所导致的局面就是——外界看似百花齐放的电动汽车领域，其实都是在自己和自己玩，目前并没有一个可以实施的统一玩法。当消费者真正拥有一辆电动汽车并且进行使用时才发现，能够及时或是快捷地给自己的电动汽车充上电是一种奢望。目前，电动汽车活动的范围更多的还是在城市内部，但是在城市内寻找一个充电桩并不是一件非常容易的事情，有时候找到的充电桩还可能会出现漏电损坏等情况。

国家此前出台针对建立充电桩的补贴政策，但是建成之后的运营和维护，却成为不少企业不愿问津的环节，国家补贴无法得到最有效的利用。

现在看来，充电接口目前已经实现了国家层面上的标准统一。其标志性事件就是2011年我国的电动汽车充电接口及通信协议标准的批准发布，即《电动汽车传导充电用连接装置 第1部分：通用要求》《电动汽车传导充电用连接装置 第2部分：交流充电接口》《电动汽车传导充电用连接装置 第3部分：直流充电接口》《电动汽车非车载传导式充电器与电池管理系统之间的通信协议》。不过，面临着市场上出现的众多问题。充电设施标准化工作是一项长期的任务，伴随着电动汽车的规模发展，充电设施标准化工作也需要不断修订完善。

三、任务实施

1. 实施要求

本任务主要是新能源汽车充电桩的安装和使用。内容包括充电桩的操作。

2. 实施准备

1）防护装备：常规实训着装。
2）车辆、台架、总成：北汽新能源、比亚迪或其他新能源汽车。
3）专用工具、设备：充电桩。
4）手工工具：无。
5）辅助材料：无。

3. 实施步骤。

1）单枪操作过程。

① 上电后的默认初始界面，点击"开始充电"，则跳转到下一界面，如图6-3-9所示。

图6-3-9　单枪初始界面

② 跳转到提示"请连接充电枪"界面，充电枪连接上之后则跳转到下一界面，选择充电方式，如图6-3-10所示。

图6-3-10　充电方式选择

③ 如果选择自动充满模式，则下一页自动跳到提示用户刷卡的界面，如选择其他模式充

电，需要对该模式做简单的设定，如图 6-3-11 所示。

图 6-3-11　刷卡启动充电

④ 图 6-3-12 列出了几种充电模式，分别是"时间模式""金额模式""电量模式""功率模式"，点击输入框可进行设置。

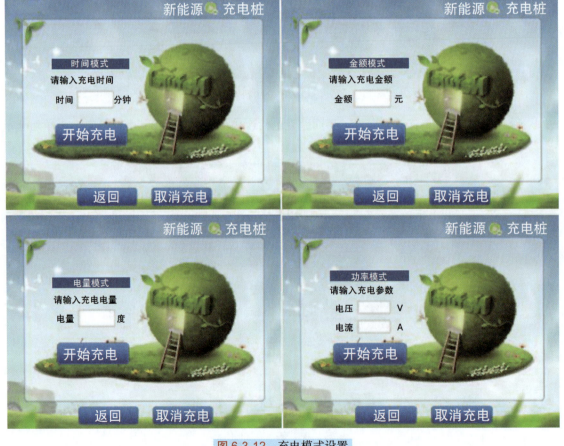

图 6-3-12　充电模式设置

⑤ 刷卡后进入充电状态，会有简单的充电信息在界面上显示，如图 6-3-13 所示。

项目六 新能源汽车充电系统　181

图 6-3-13　充电信息界面

⑥ 自动充电结束后的界面状态，有简单的提示信息界面 1，如图 6-3-14 所示，刷卡后跳到界面 2；如果直接刷卡结束，则直接显示界面 2，如图 6-3-15 所示。

图 6-3-14　界面 1

图 6-3-15　界面 2

⑦ 在充电开始前，可以点击显示屏左上方的"CLOU"图标，可以进行简单的参数配置，

如图 6-3-16 所示。

2）双枪操作过程。

① 机器上电后的默认界面，液晶显示屏待机界面如图 6-3-17 所示，此时如果 A、B 的状态都显示"正常，请连接充电枪"，则表示 A、B 口都可以使用。

图 6-3-16　参数配置

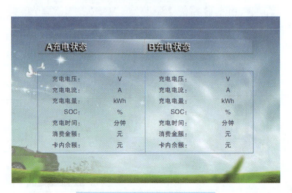

图 6-3-17　默认待机界面

② 若用户要进行充电，将充电枪 A 或 B 拔出并插入汽车充电插座内，待充电枪连接好后，液晶屏上对应的充电状态会显示"已经连接，请点击开始充电按钮"。点击"开始充电"，执行下一步，如图 6-3-18 所示。

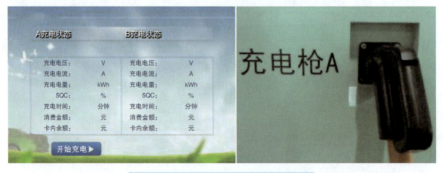

图 6-3-18　A 口充电枪已经连接好

③ 此时上方的开始充电按钮可用，用户点击"开始充电"按钮后，界面提示用户进行刷卡（针对收费客户）或输入密码（非收费客户）操作。密码授权操作模式，点击界面提示区域，会有键盘弹出，在键盘中输入密码验证后，点击下方"启动充电"按钮开始充电。如密码错误，

项目六 新能源汽车充电系统　183

页面会提示"输入密码错误"的菜单,点击"确定"按钮后重新输入,如图 6-3-19 所示。如果在密码界面等待时间过长,页面会切换回默认界面,请重新操作。

图 6-3-19　密码输入

④ 机器启动充电时用户听见"嘀"的一声,液晶屏显示界面默认界面,点击"结束充电"结束充电。点击电池信息可查看电池信息和状态,如图 6-3-20 所示。

图 6-3-20　A 用户在充电,B 用户空闲

⑤ 在此种状态下,如果另一个充电接口状态显示"正常,请连接充电枪",则另一个接口也可以使用,操作步骤参照以上①~④可以使用另一个充电枪进行充电。

⑥ 如果有用户 A 或 B 进行刷卡结账后,则暂时切换到对应结账信息界面,并在结算界面停留大概 10s 后返回,此过程不影响另一个用户的充电活动,如图 6-3-21 所示。

⑦ 在①~⑥过程中都可以点击显示屏左上方的"CLOU"图标,弹出输入密码界面,输入密码后进入菜单模式,如图 6-3-22 所示。

图 6-3-21　A 用户结算信息

图 6-3-22　主菜单界面

⑧ 点击"参数1"或"参数2"时弹出下图（图 6-3-23）。

⑨ 点击"充电记录"时弹出下图（图 6-3-24）。

图 6-3-23　参数设置界面　　　　图 6-3-24　充电记录界面

⑩ 点击"状态信息"时弹出下图（图 6-3-25）。

图 6-3-25　实时状态信息界面

四、任务考核

学习目标		考核题目（判断题每题1分，选择题每题2分）	得　分
知识目标	1	1）充电桩的作用类似于加油站里面的（　　）。 A. 汽油　　B. 柴油　　C. 加油机　　D. 便利店 2）为电动汽车充电。汽车充电桩一般提供常规充电（交流慢充）和快速充电（直流快充）两种充电方式。（　　） 3）充电桩的类型按（　　）可分为落地式充电桩、挂壁式充电桩。 A. 安装地点　　B. 安装方式　　C. 充电接口　　D. 充电方式	
	2	1）（多选）新能源汽车充电桩的目前问题有（　　）。 A. 充电桩的安全问题　　B. 充电站设施不完善 C. 充电的费用不统一　　D. 充电桩太少 2）全国公共充电桩的数量与日俱增。随着充电设施规模的不断扩大，使用中的问题也纷纷暴露出来。比如，充电桩故障率高及安全隐患；充电站不好找；充电费用不统一等。（　　） 3）目前建成的电动汽车公用充电桩多集中于高校、乡镇、政府机关和综合交通枢纽，公共设施有待完善，收费不统一。（　　）	
	3	1）充电桩和充电站这一重要配套产业的完善将促进电动汽车的发展。和电动汽车产业一样，充电桩在全国的建设也在不断创造着新的纪录。（　　） 2）目前，电动汽车活动的范围更多的还是在城市内部，但是在城市内寻找一个充电桩并不是一件非常容易的事情，有时候找到的充电桩还可能会出现漏电损坏等情况。（　　）	
技能目标		1）常见的充电桩有几种充电模式，分别是"时间模式""金额模式""电量模式""功率模式"，点击输入框可进行设置。（　　） 2）（多选）在单枪充电桩进行充电，刷卡后进入充电状态，会有简单的充电信息在界面上显示，显示的基本参数有（　　）。 A. 电压　　B. 电流　　C. 功率　　D. 电阻 3）双枪充电桩要比单枪充电桩的结构要简单。（　　）	

总分：　　　　分

教师评语：

参 考 文 献

［1］王刚. 新能源汽车［M］. 北京：清华大学出版社，2015.

［2］邹国荣，程明. 电动汽车的新型驱动技术［M］. 北京：机械工业出版社，2010.

［3］王志福，张承宁. 电动汽车驱动理论与设计［M］. 北京：机械工业出版社，2012.

［4］赵立军，佟钦智. 电动汽车结构与原理［M］. 北京：北京大学出版社，2012.

［5］王贵明，王金懿. 电动汽车及其性能优化［M］. 北京：机械工业出版社，2010.

［6］何洪文. 电动汽车原理与构造［M］. 北京：机械工业出版社，2012.

［7］曾鑫，刘涛. 新能源汽车动力电池与驱动电机［M］. 北京：人民交通出版社，2017.

［8］唐勇，王亮. 新能源汽车电气技术［M］. 北京：人民交通出版社，2017.